U0965988

王晓春给青年教师的100条建议

王晓春◎著

中国轻工业出版社

图书在版编目（CIP）数据

王晓春给青年教师的100条建议／王晓春著. —
北京：中国轻工业出版社，2012.2（2024.2重印）
ISBN 978-7-5019-8557-9

Ⅰ. ①王…　Ⅱ. ①王…　Ⅲ. ①青年教师－师资
培养　Ⅳ. ①G451.2

中国版本图书馆CIP数据核字（2011）第255834号

保留所有权利。非经中国轻工业出版社“万千教育”书面授权，任何人不得以任何方式（包括但不限于电子、机械、手工或其他尚未被发明或应用的技术手段）复印、拍照、扫描、录音、朗读、存储、发表本书中任何部分或本书全部内容（包括但不限于光盘、音频、视频等）。中国轻工业出版社“万千教育”未授权任何机构提供源自本书内容的电子文件阅览、收听或下载服务。如有此类非法行为，查实必究。

责任编辑：吴　红　　责任终审：杜文勇
策划编辑：吴　红　　责任校对：刘志颖　　责任监印：吴维斌

出版发行：中国轻工业出版社（北京鲁谷东街5号，邮编：100040）
印　　刷：三河市鑫金马印装有限公司
经　　销：各地新华书店
版　　次：2024年2月第1版第8次印刷
开　　本：710×1000　1/16　印张：14
字　　数：127千字
印　　数：20001—22000
书　　号：ISBN 978-7-5019-8557-9　定价：28.00元
读者热线：010-65181109
发行电话：010-85119832　010-85119912
网　　址：http://www.chlip.com.cn　http://www.wqedu.com
电子信箱：1012305542@qq.com
版权所有　侵权必究
如发现图书残缺请拨打读者热线联系调换
240084Y1C108ZBW

前　　言

我是一个老教师，看见青年教师就高兴，因为我从他们身上看见了当年的自己——手捧一颗心，站在讲台上，满身阳光。我是一个老教师，看见青年教师，我也常常会有些忧虑，因为我确实看到不少青年教师无法适应工作，挫折不断，焦头烂额，甚至失去了自信。我也看到有些青年教师工作顺风顺水，摘金夺银，但是教育理念迅速老化，用不了一两年，教育理想尽失，变成了适者生存的“现实主义者”，他们的个人“业绩”或许令人羡慕，但这种情况对于整个教育事业的发展，并不是好消息。

我曾在中学执教20多年，后来去搞教育科研，教育既是我终生的工作，也是我不变的兴趣。忆往昔，激情岁月稠，尴尬岁月亦稠。工作有许多教训和经验，读书有一些反思和感悟，虽然我至今不敢说已经明白教育是怎么回事了，起码我对此观察了半个世纪，为此探索了半个世纪，我的一些想法和做法，无论属于“事后诸葛亮”还是“事后诸葛不亮”，总会对青年教师有些启发吧？于是我写了这本书。

本书主要谈了教师的自我认识和自我超越、思维方式、教育、教学等几个方面。古人云：授人以鱼不如授人以渔。我是“鱼”和“渔业”兼给，但侧重点是“怎么想”，而不是“怎么做”，我只把“鱼”

作为“渔”的例子。

编辑建议我作为老教师给青年教师提一些希望。说什么呢？师德呀，师爱呀，责任感呀，敬业精神呀，我就不说了，不是这些不重要，而是人们说得太多了，成了套话了。这里我只谈一个大家说得不太多的问题：希望青年教师都成为“学习型”的教师，做一个思想者。老师们通常都是睁大两只眼睛盯着学生，我建议您只用一只眼睛盯着学生，另一只眼睛用来盯着自己，观察和分析自己，尤其是自己的教育理念。老师们通常都是一心关注学生的成长，我建议您分出一部分精力关注自身的成长。我的经验是，只有经常关注自身素质提高的人才可能真正懂得什么是素质教育。做教师的人一旦失去“学习感”，他就会蜕变成单纯的管理者，以鸣鞭为业绩，以“逼学生读书”为己任，那就越来越像工头了。我希望青年教师无止境地提升自身的学养和精神境界。学生是学习者，要和学生沟通，你也必须永远是个学习者，否则会心心相隔，话不投机。本书的视角，正是学习者的视角，本书的很多内容都是我近年的读书笔记。

顺便说一下，有不少老师向我咨询子女教育问题，后院着火，焦虑万分。我曾多次做“教师如何教育子女”的专题讲座，就把其中一次讲课记录作为本书附录献给青年教师。初为家长，或可参考。

我的这些文章，其内容多数都在网上发表过，有些网友虽不是青年教师，也说读了有启发，这是可以理解的，因为我当初写的时候，并不是特意针对青年教师的。许多网友的跟帖对我很有启发，在此致谢。

王晓春

2011年10月21日

目　　录

第一部分

自我认识与自我超越

1. 你的角色认定是什么?

心理学告诉我们，一个人如果心中（不是口头上）认定自己是什么人，他多半就会真的成为什么人，这种作用叫做“自我心理暗示”，实际上就是你自己引导自己走向你的角色。

教师是一个相当复杂的角色，这个角色有很多侧面，可以和社会上的许多角色交叉。于是，你心中把自己当成什么人，你就会用这样的姿态管理课堂。据我观察，我国中小学教师最常见的角色认同是把自己看成“当官的”、“管人的”（这与我国自古以来的“官本位”思想有关），所以，我们的课堂管理常有浓重的官僚主义色彩，甚至封建色彩，教师把班级看成自己的“地盘”，“我的地盘我做主”。还有一种常见角色是把自己看成家长（父亲或母亲），于是我们的课堂管理又常常呈现家庭色彩，教师（尤其是班主任）很像“班妈”。很少有教师心中认同“社会工作者”的角色，对这种角色很生疏。

应该说明的是，把自己看成“班官”或“班妈”，其管理很可能“高效”，因为这类角色比较适合我国国情，很多学生就吃这一套。但是如果我们站得高一点，看得远一点，就会明白这类角色对孩子的可持续发展是不利的，对培养他们的创造性尤其不利，应该加以调整。

孔子说过：“必也正名乎！名不正则言不顺，言不顺则事不成。”这话包含着维护等级制的意思。如果去掉这个意思，从社会角色角度看，这句话是很有道理的。比如作为教师，你首先就要搞清自己是干什么的，搞清的角色定位（正名）。你若把自己看成只管催促工人完成指标的工头，“名”已经不“正”了，事情当然做不好。这个问题我多年前就有所思考，我的新著《做一个专业的班主任》中，第一章讨论的就是“班主任的角色要求”。我想，每个教师都应该静下心来诚实地对面对自我，想一想“我”到底在课堂上想扮演一个什么角色（很多人是下意识的、不自觉的、模糊的，但肯定都有自我角色期待），如果这个角色不妥，就要加以调整。这样才有希望实现真正良好的课堂管理。下面是我多年来关于教师角色的一些看法，可供各位青年教师参考。

附：

寻找当老师的感觉

我很遗憾，不得不这样说：许多人教书教了很多年，却没有找到当老师的感觉。

更有甚者，有些人辛辛苦苦一直干到退休，被评为优秀教师 *n* 次，奖状摞起来高达 *x* 厘米，到头来还是没找到当老师应有的感觉。

教师的工作找起来不算难，当老师的感觉找起来可就不那么容易了。

比如，您对学生的个性、优点并不留心，只对他们的违章行为特别敏感；您以纠正学生的各种错误为己任，以至于每当班里未见异常、天下太平的时候，您会若有所失，不知所措，一副英雄无用武之地的样子……如此，您找到的是当警察的感觉。

比如，您迷信一个“严”字，突出一个“狠”字，使学生24小时处在您的监视或遥控之下，不给他们一点偷懒耍滑的余地，好像他们即使只有一根神经稍稍放松，也逃不过您警惕的眼睛和高悬的皮鞭（精神的皮鞭）……如此，您找到的是当监工的感觉。

比如，您不断出台各项土政策，督促检查，落实评比，言出法随，令行禁止，使得班级教育教学工作井井有条，上级布置的任务都出色完成，在各项评比中均名列前茅，学生见到您的第一感觉是面对一位尊敬的领导……如此，您找到的是当官员的感觉。

比如，您把要完成的任务层层分解并加以量化，落实到每一个学生，使其考试分数和各方面的表现与入队、入团、当干部、评三好生、推荐上重点学校挂钩，甚至采用经济手段，达标者发奖金，否则罚款……如此，您找到的是当经理的感觉。

比如，您对学生急了真骂，骂完了又真心疼，恨铁不成钢，期望值特高，只许自己说，不许别人说，像母鸡孵蛋一样护着、焐着学生……如此，您找到的是当班妈的感觉。

比如，您奉行“以体力换质量”的原则，迷信补课，迷信题海战术，自己经常加班加点，也迫使学生加班加点，自己不断重复自己，也迫使学生不断重复自己……如此，即使您取得了诱人的“成功”，您找到的也不过是一个熟练的教育技术工人的感觉。

比如，您片面理解“要给学生一杯水，自己先要有一桶水”这句话，真的视自己为桶，学生为杯，竭力把辛辛苦苦喝到肚子里的墨水倒给学生，却发现学生总是热情不高，嘴张得不够大……如此，您找到的是教书匠的感觉。

这些都不是真正当老师的感觉。作为老师，虽然这些角色在一定程度上也都是需要的，但它们不应成为主旋律。

那么，当老师的感觉，其主旋律到底应该是什么样的？

一、学的意识强于教的意识

这是一种对信息的开放态度。谁都知道“要想当先生，先要当学生”。但许多人以为，所谓教师当学生，是指当教师之前，或者是在进修的时候；而一站在讲台上面对学生，就俨然一副“传道、授业、解惑”的神态了。这想法不全面。一个真正优秀的教师，终生是学生，对谁都是学生，他的学习是全方位的和不间断的。前苏联教育家阿莫纳什维利说得好：“想要了解儿童心灵的秘密，想要揭示教育的技巧和教育科学的秘密，先要把每一个儿童认作是自己的老师和教育者”；“我将教他们读书和写字、计算和加减乘除、图画和唱歌，而他们将给予我最高水平的师范教育。”可惜，许多人都把这类话看成是一种谦虚的姿态，而不知这是只有真正找到当老师的感觉的人才能说得出的老实话。教育，如果不以自我教育为龙头，就不是真正的教育。教师站在学生面前，如果只记得自己是教育者而忘记了自己是个学习者（这是“学者”的本义），他就永远找不到当老师的感觉。

每天的太阳都是新的，人不能两次踏入同一条河流。当教师养成了对信息的开放态度，总是以好奇的、学习的眼光看待周围事物的时候，他就会发现每一天、每一堂课、每一个学生都是新鲜的，教育的学问是奇妙无穷的，他没有“重复自己”的厌倦感，也没有“占山为王”的孤独感。这时候，他才算找到了当老师的感觉。

二、交流意识强于传达意识

有人也许要问，既然老师主要是学习者，学生也是学习者，那么大家都学习吧，还要老师干什么？

从某种意义上说，教师的传统地位确实已经动摇了。您再也当不成知识的垄断者了。到互联网中稍稍漫游一下，就会明白现在信息共享已经到了何种程度。简而言之，只要你想学习，知识就像超级市场上的廉价商品一样摆在那里，任君取舍，取之不尽。在这种形势下，还要摆出一副“学问只在本人肚子里”的架式，岂不太可笑、太迂腐了吗？学生知道的东西，老师不知道，这在20年前还比较少见，在今天可就司空见惯了。因此，老师的任务就从知识的单向传递逐步向师生交流的方向转化。学生要逐渐成为主体，教师也要真正确立自己对知识的主导地位。

学生毕竟是孩子，师生毕竟有区别。在师生的交流中，教师不能放弃自己担负的指导者、启发者、管理者的任务，这就是人们通常说的“以教师为主导”。

面对学生，做一个主导型的学习者，您就找到当老师的感觉了。

三、帮的意识强于管的意识

帮与管是两条截然不同的思路。帮是以被帮助者为主体的，我要帮助你，大主意得你拿，事情得你干；我可以推你一下，拉你一把，至于走向什么目标，达到什么标准，那是你的事。管就不一样了，管是以管理者为主体的，你得听我的，大主意我来拿，走向什么目标，达到什么标准，都由我来安排，你要对我负责，而我要对上级负责。可见，帮助者更倾向于替对方着想，而管理者更容易为自己着想。

教师的角色比较复杂，既不是单纯的帮助者，也不是单纯的管理者，而是二者兼而有之，问题是以哪个为主。作为一个具有现代思想的新型教师，帮的意识应该强于管的意识。前面我们说的教师没找到当老师的感觉，却找到了当警察、当监工、当官员、当经理的感觉，都是因为管的意识远远超过帮的意识造成的。帮和管是两条截然不同的思路，教师必须把它们结合起来，还不能生硬结合，而要有机结合，融会贯通；这还不够，还要使二者分出主次，难怪当老师的感觉这么不好找了。古人云：相反者，实相成也。优秀教师恰好善于在这看似矛盾的要求中找到某种和谐，而当老师的感觉就在这和谐中。

四、长远意识强于短期意识

十年树木，百年树人。教育在本质上与短期行为势不两立，教育队伍应该由眼光最长远的人组成。可惜，现在很多事情并不如此。官员希望在任期内出政绩，校长希望一个学期就上一个新台阶，教师要求学生赶快提高及格率和优秀率，家长们则睁大眼睛盯着孩子的名次……立竿见影的心态严重地侵蚀着教育界，考试分数已经成了生产指标一类的东西。现在大家都在讲可持续发展，教育界的短期行为是可持续发展的最危险的敌人，搞短期行为的人找不到当老师的感觉。

一个名副其实的教师，当然也很注意学生的眼前成绩，但是，他更注意学生的“后劲”，因为他是为孩子的一生着想，是在为国家培育人才。他明知道用强化训练的方式可以快速提高学生的成绩，但他会尽量避免这样做，因为那会破坏学生的学习兴趣和能力，促使学生厌学，影响学生未来的发展。他知道，当长远利益和眼前利益发生冲突的时候，最能看出一个教师的精神境界。为了孩子的明天，他不怕奖金少得一点，职称晚评几年。他也许会失去若干眼前利益，但是他真正找到了当老师的感觉，真正实现了自我价值。

老师应有的感觉到底是什么？

他应该是学习意识强于教书意识，交流意识强于传达意识，帮的意识强于管的意识，长远意识强于短期意识。

这种感觉只能自己去找到，别人既无法硬塞给你，也无法赠送给你。

（王晓春．寻找素质教育的感觉：一位教育科研工作者与中小学教师的对话[M]．北京：地质出版社，2000．）

2．不做“脑力劳动者中的体力劳动者”

有一部电影，片名叫《都市里的村庄》，“脑力劳动者中的体力劳动者”的说法就是套用这个片名造出来的。中小学教师应该属于脑力劳动者，可是据我几十年的观察，他们中的多数（甚至大多数），其工作主要靠的是拼体力，而不是动脑筋，说这些老师是“脑力劳动者中的体力劳动者”并不冤枉。

这种工作方式对人的心灵是一种磨损，其体力则往往会透支，因为你本来不应该主要靠体力来工作的，你并没有体力劳动者的体力，于是，你投入工作，就不是在发挥自己的强项，而是在拼命使用自己的弱项。或者换个比喻，你是一辆汽车，你不开发动机，却用马拉，结果把马累个半死，发动机也锈住了。

我想，中小学教师活得这样累，身体健康状况和心理健康状况堪忧（不能说“令人堪忧”，那不通），这是重要原因之一。有位网友任老师（小学教师）向我们介绍了她身边三位老教师的身体情况，看了让人心酸。这三位老教师都将要退休了，仍然在拼命。一位孙大姐是因为长期血压高而吃药不规律导致病变，不醒人事被送到医院，不得已被青年教师换下来；一位陈大姐，在课堂上批阅作业时突然犯了心脏病，被学生及时发现，吃了速效救心丸才脱离了生命危险，她平日回到家就累得躺在沙发上，什么都不想做了；还有一位韩大姐，从去年开始得了心肌梗塞。任老师介绍的这三位老教师，我虽然不敢断定她们都是“拼体力换质量”的，但估计也差不多，因为这是风气，而且这种风气往往得到领导有意无意的提倡。我听过不少优秀班主任的报告，常常说得惨惨戚戚，一副“照亮别人，毁灭自己”的样子，好像不把自己弄成重病号就不伟大似的。

各位青年教师，我想你们一定不希望自己将近退休时也这个样子，如此不但自己受苦，也会给子女和社会增加很多麻烦。要避免此种命运，请听听我的建议：

我希望你们不要盲目推崇“眼勤，腿勤，嘴勤，手勤”的格言，而要把“脑勤”放在第一位，这才是名副其实的脑力劳动者该做的事。要多想，少说，想了再说，想清楚了再做。尽量少做不动脑筋的重复性动作，能不说的就不说，少说几句效果相同甚至效果更好，那就坚决不多说一句。学生能自己做的事情，绝不越俎代庖，即使孩子暂时做不好，也要锻炼他们。教师只做那些战略性的工作、核心性质的工作、学生确实做不了的工作，把住大的关口就行了。要有点“运筹帷幄之中，决胜千里之外”的大将风度，而不要像一介武夫，赤膊冲在第一线。有病就去看病，不要揣着病假条上课。班级如果离开你就乱了套，那恰好证明你在的时候那种秩序，含金量（自觉性）很低，这岂不是反思的好契机？某优秀教师晕倒在讲台前，无论上级怎么表扬他，你都不要学他，你可以敬佩他的精神，但不需要像他那样活法。新一代的教师，应该身体健康，精神愉快，生活丰富多彩，而不应是一副惨兮兮需要他人同情的模样。总之你从一开头就要避免成为“脑力劳动者中的体力劳动者”，但是请你迈小步，而且不要张扬。一开始，你需要盯学生盯得稍紧一点，但一定要逐步放松，悄悄“偷懒”，以便腾出更多的时间读书思考，从事真正的脑力劳动。

3. 教师与导演不同

这里没有背景也没有戏服。这些东西太花时间了，尽管赏心悦目，却与我们的任务毫无关联。学生只穿牛仔裤和我们的霍伯特·莎士比亚T恤。T恤有不同颜色，这些颜色就是演出中唯一和戏服有关联的部分。王后成员通常穿紫色，乐队穿蓝绿色，反叛者穿红色，而嫉妒的丈夫穿绿色视觉效果较好。不需要布景和戏服，我们确保整出戏的主角是莎士比亚隽永的文字。距离演员不到4英尺的观众所经历的是前所未有的看戏体验。我们的演出方式使他们更注意听台词。他们看戏看了一辈子，从来没这么专注地聆听过……

即使我的学生受邀在豪华的舞台上演出，我们也认为，教室的演出经验更值得回忆，也更具教育意义。毕竟，我们的演出不是为了得到掌声或经久不息的起立喝彩，而是关于语言、音乐、团队合作、冒险、纪律、勤勉以及自我发现。

（雷夫·艾斯奎斯. 第56号教室的奇迹：让孩子变成爱学习的天使[M]. 卞娜娜，译. 北京：中国城市出版社，2009：212－213.）

行动方式取决于目的。你有什么样的目的，就会采用什么样的行动方式。雷夫老师排戏不要布景和服装，因为他的主要目的本来就不是为了演戏给人看，而是为了在排戏的过程中教育学生。在他身上我们看到了一个真正坚守教育的教师。他知道自己在干什么，他没有虚荣心，绝不像有些教师那样，给学生排点节目就以为自己变成导演了。

假作真时真亦假，这是导演的处境。导演处理的是虚构的故事，是假的，因此，不管你把假的故事演绎得多么真实，它还是假的。

真作假时假亦真，这应该是教师的工作状态。教师面对的是真实的学生，因此，即使你指导他们去排虚构的故事，你也还是为了教育真实的孩子。

导演面对的真实是文学真实，而教师面对的真实是生活真实，性质不同。我们做教师的，尤其是做语文教师的，务须保持清醒的头脑。

4. 想做新型教师，该朝什么方向努力？

新型教师与当下的教师和传统的教师自然有共同之处，新与旧是不能完全割裂的，但这里我们侧重谈一谈新型教师不同于传统教师之处，供青年教师参考。

（1）至少到目前为止，多数教师主要还是靠拼体力工作的，我希望青年教师更多地凭智慧，从“老黄牛”型变成“智多星”型，成为研究型的、学者型的教师。

(2) 至少到目前为止，教育界一出什么问题，就抓师德教育，其实有不少问题关键在“师才”，是教师的教育观念问题和工作能力问题。我希望青年教师分出更多的精力提高自己的“才能”（专业技术水平），改变德与才前者硬后者软的瘸腿状态。我的意思绝不是说师德不重要（扣这种帽子是国人的拿手好戏），而是说，不要幻想以师德教育解决专业技术问题。

(3) 观察教师说话作文，至少到目前为止，其思维方式与大众思维无异，其语言也都是日常用语（或大众传媒用语），极不严谨。我希望青年教师改变此种状况，学会专业思维，学会用比较严谨的专业语言。我的意思并不是说要故意弄一些艰深的学术语言吓唬人，而是说，你说话要有专业人员的逻辑性，要能拿出点非专业人员拿不出的东西，（在工作中）把自己和普通百姓区别开来。

(4) 至少到目前为止，多数教师提高业绩的主要手段之一是靠向外部争资源，尤其是争夺学生的时间（抢体音美课，抢自习，多留家庭作业），我希望青年教师侧重向内部挖潜力，以少做无用功、提高效率争取业绩。

(5) 至少到目前为止，多数教师的教育活动是明显的短期行为，只顾眼前的考试分数和别人能看得见的一些“活动”，我希望青年教师有可持续发展的意识，尤其注重那些对人的一生有重大意义的东西（真实的品德，学习能力，思维能力）。

(6) 至少到目前为止，我们多数教师的教育是管控型的，我希望青年教师能把自己的教育变成帮助型的，我不是说要废除管控，而是要把管控减少到最低限度（这个限度在哪里，正需研究），用主要精力“帮助”学生。

5. 如何不让应试教育碾碎你的教育理想？

青年人总是充满热情。在师范学校读了几年书，这种热情更是达到了前所未有的温度。走上讲台之前，脑子里勾画着美妙的蓝图：我要捧出一颗炽热的心给每一个学生，我要让我的课堂充满快乐，我尊重学生，平等地对待他们，我民主，我科学，我倾听，我沟通，我善良，我宽容，我以身作则，我……然而真的踏进校门，却发现眼前遮天蔽日的是一座熟悉的大山——考试，于是只好逼着学生挣分数。一年下来，他可能会发现自己脑中原来的蓝图变得暗淡模糊了，再过一年，他甚至会觉得那已是遥远的回忆。他现实了，他成熟了，受了表扬，得了奖状。可是，一个人的时候，却难免有一丝惆怅：我怎么变成了自己当初最不想变成的样子了？难道教育真的就只能是这个样子吗？听老教师说："什么素质教育、应试教育，不都得考试吗？我看不出哪是素质教育，哪是应试教育。我就认得分。"他觉得这话有问题，可又说不出人家错在哪里。他想：或许再过几年，我也会以这种腔调跟新毕业的大学生说话吧？人生真的跳不出这个"周期律"吗？

我相信这是不少青年教师的心路历程。疯狂的应试教育的巨轮不知碾碎了多少有志青年教师的教育理想。我很希望有些（"有些"就可以，我期望值不高）青年教师能够避免重蹈覆辙。这里的关键不在于取消考试（那是不可能的），也不在于考试改革（虽然这种改革很必要），而在明白应试不止我们通常见到的这样一种形态，现实主义也不止一种，你完全可以用另一种姿态进行应试训练。你无须躲避考试，你可以超越它，不做它的奴隶，而做它的主人。

不信我们来看几个例子：

（1）甲乙两位园丁分别承包了两片果园。园丁甲承包10年，园丁乙承包100年。园丁甲大干快上，不改良品种，不改良土壤，狂用化肥，猛施生长素，数年之内，产量剧增。不但大把挣钱，而且被誉为果树大王。然而，果树专家却指出，该承包区土壤正趋于板结，水果的品种也在退化，口味一年不如一年。园丁甲并不着急，因为他知道，等问题严重的时候，他的承包合同也到期了。园丁乙就大不相同，他也施化肥，也用生长素，但适可而止。他注重施有机肥，注重品种改良，注重技术改造，自己还学习大学的果树种植课程。结果是在数年之内，他的果园产量可观，经济效益也很好，只是没有园丁甲那么“火”。园丁乙也不着急，因为他知道自己不会再活100年，现在要为子孙打好基础。这两位都是现实主义者，却有高低文野之分。

（2）小学一年级数学考试中有一道看图题，上面画着一些火柴，共分4份。前3份每份都有若干根火柴，第4份只画着1根火柴。问题是：“图上共有几堆火柴？”标准答案：“4堆。”大多数同学也是这么答的。有一小男孩却答：“3堆＋1根。”他认为1根不算“堆”。

教师甲给这道题判错，理由是：“从小就要训练孩子按标准答案答题，少出邪的，不然将来考不上好学校。”这当然是一种现实主义的态度。教师乙判对，理由是：“题目有缺点。孩子思维严密，难能可贵。”这也是一种现实主义态度，只不过侧重点是在思维能力上，长远来看，这对提高考试分数的益处更大。两种现实主义，自有高低文野之分。

（3）有一个二年级小学生，数学课时无论作业还是考试，都不爱用草稿纸，即使是大数的运算，他也用心算。心算的准确率当然不如写出来，所以他考试很少得满分，总是差那么几分。对这个问题也有两种态度。教师甲气愤地指责："你能得100分为什么不得？太懒！以后必须用草稿纸写，听见了没有？"教师乙则说："你的心算能力真强。希望你注意力再集中一点，尽量少出错。你也可以这样，平时作业用心算，考试的时候，没有把握的题，写出来。能得100分，为什么不得呢？"两位老师都是现实主义者，都希望孩子得100分。但教师甲是以牺牲孩子的优点为代价提高分数，而教师乙却是主要靠发扬孩子优点的办法提高孩子的分数。多用心算效率高，年级越高越明显。从"可持续发展"的角度看，显然教师乙的方法优于教师甲。两种现实主义，自有高低文野之分。

（4）面临中考，两位语文老师都在帮学生准备作文考试，让学生先写一些文章，经过筛选，反复修改后背下来。到时候学生根据题目灵活运用，这叫做"带着作文进考场"。经验证明，这是应考的窍门。两位教师都这样做，然而，教师甲平时并不重视作文，一个学期布置不了二三次，只是拼命让学生做练习题；教师乙平时按量让学生写作文，考试前虽然也让学生背作文，却对学生说清楚："这不是学习写作的正经路子，只是一种提高考试成绩的权宜之计。真正提高写作水平，还是要靠多读书多写文章。"这两位老师只是在面临考试的一个短时期内采取了相似的做法，其指导思想并不相同。本来他们就不是走在一条路上，再往前走一点，他们又会分道杨镳。懂教育的老师，有时为了迅速提高成绩，也会做一些他们自己并不赞成的事，这是一种操作层面上的让步，但他们一定会向学生讲清是非，避免谬误流传。搞单纯应试教育的老师则站不了这么高，在他们眼里，考前背作文，"本来就是那么一回事"。这二位都很现实，都在抓分数，但显然也有高低文野之分。

我想通过这几个例子说明，"现实主义"不止一种，同是进行应试训练，教师的思路却可以相差甚远。现在我想对青年教师们说：

你完全可以在不放弃教育理想的前提下抓分数，你也完全可以在抓分数的同时把考试的负面作用降到最低。这样，应试教育就无法碾碎你的教育理想了；更多的人做到这样，应试教育的负面作用就会一点点被“蚕食”，终有一天，会出现“有应试而无应试主义”的局面，而这，正是我的教育理想。我知道这个理想也许100年也无法实现，但是我认为，每向这个理想前进一小步，都是实实在在的进步。

6. 怎么能知道自己的境界提高了?

这里说的“境界”，主要指教师的专业化水平。

想知道自己的境界是否提高了，他人的评价是一个方面，自己的工作有无成绩是一个方面，还有一个方面是：如果你的境界真的提升了，你自己会有感觉。这种感觉在心理学上叫做“自我超越”、“高峰体验”，是一种很美妙的感觉，不是每个人都能体验得到的。

“新思考”博客上曾有一位署名“李”的老师，在我的专栏里发了一个帖子（2011－01－08），他说自己刚参加工作的时候很多问题看不懂，也理不清，只好向经验学习，其后果就是走了经验主义路线，这一方式维持了10多年，但总感觉心有不满，有太多的遗憾。后来从头学习，突然眼前的一切开始变化。他发现，原来教育也是需要智慧的，原来匠人和艺术家是有很大区别的，原来井底之蛙不完全是寓言故事，而是有现实原型的。他开始反省自己的教育之路，反省所有的教育问题，不得已又从哲学入手，每天带着书不停地看，看得别人认为他有些神神叨叨，但他说：“我的课堂却在悄然改变，我感到自己站起来看世界时，世界好像低了。”

“我感到自己站起来看世界时，世界好像低了。”我非常喜欢这句话。这就是一种高峰体验。杜甫所谓“会当凌绝顶,一览众山小”,说的大概就是这种感觉。我们都有过爬山的经验,你很吃力地爬上一座山,自己觉得很不错了,可是,当你爬上更高的山峰时,才知道刚才的所谓“山峰”,不过是个小土包而已。这是一种居高临下的感觉,有了这种感觉,一般地说,你的境界可能就提高到了新的层面。因为你看得比别人更宽、更远,所以还有一种现象,你能看到别人看不到的地方,而别人的眼光超不出你的视野,换一种说法就是,你的观点、你的见解,能包含别人的见解在内,能把他们的意见整合进来,而他们的观点无法包容你的观点。这种情况从人们说话作文是可以看出来的,你一比较就能感觉出谁的视野更宽。当你达到新的境界时,如果讨论问题,你会发现你明白他是怎么回事,他却不明白你是怎么回事,你能看清他,他无法看清你,甚至会误解你。这是可以理解的,人只能在自己的视野范围内看这个世界。

真会读书的人绝不是简单地到书中去讨招数和秘方,而是想得到一些启发,不是简单地要解决工作中的实际问题,而是希望提升自己的精神境界。所谓素质教育,就是要帮每个学生找到这种自我提升的感觉,而其前提是教育者自己有过此种体验。我曾和一个年轻人讨论教育问题,他说:“素质教育只能由关心自身素质提高的人来实施。”我觉得他说得有道理。“一览众山小”的超越自我的心境,不是每个人都能体验得到的,有些人从未体验过这种感觉,希望这种人搞懂素质教育就非常困难。他以为素质教育就是上级拿出一些贴着素质教育标签的办法,他来照办就是了。你跟他说不清楚,对话不在一个层面,只好沉默。幼儿牵着大人的手走路,在人群中,他看到的只是一大丛人腿,等他长高之后,才能看到更真实的世界,要是他拒绝长大,就只好在腿的森林中生活了。我真的很希望老师们都长高,都站起来;现在他们中的许多人还在蹲着,甚至跪着,而不自知。我尤其希望青年教师努力在精神上站立起来，用自己的脑袋想事情，不让他人替自己思考，却愿意与他人交流，不断努力提升自己的精神境界。

7．教育者的良知

据《文汇报》记者姜澎、王乐2011年10月16日报道，在华东师范大学60周年校庆的主题论坛——“创新与使命：面向新时代的教育变革论坛”上，中央教育科学研究院院长袁振国教授用他们研究院刚刚完成的两项调查作为开场白，袁教授说：“创新根本不是靠教育出来的”；“我们调查了恢复高考以来的3300名高考状元，没有一位成为行业领袖；调查了全国100位科学家、100位社会活动家、100位企业家和100位艺术家，发现除了科学家的成就与学校教育有一定关系外，其他人所获的成就和学校教育根本没有正相关关系。”

3300名高考状元，没有一位成为行业领袖，教育者面对这样的调查结果能无动于衷吗？要知道高考状元是学校的骄傲，教师对教育的最大希望就寄托在他们身上。在教师和家长心目中，他们是最棒的，然而走上社会之后，生活给他们的评价却大相径庭。学校给最高分的学生，社会并未给最高分，这也难免，但是比例如此之大，无一例外，可就不是闹着玩的了。这起码说明教育与实际生活有脱节，说得严重点就是闭门造车。

这不是某个学校、某个人的问题。我校尖子生毕业后到了社会“尖”不起来了，学校对此不负责任，也不可能有人来追究学校和教师的责任。这也不是脸面问题，因为家长不会一个个询问我校状元20年后情况如何，校门口只要写历年出过几个状元，就足够风光了。

我是铁路警察，只管好这一段就行。

所以，这是个良心问题，教育者的良知问题。站在国家和民族的立场，你就会忧虑，你就会反思。说实话，我作为一个老教师，对此感到羞愧。我感到，真有本事的学生我没发现，这是我的眼力问题，我可能并不明白教育的真谛。或许这些状元，本来可能干大事甚至得诺贝尔奖的，而我的教育却压抑了他，或者浪费了他的精力，或者把他的智慧领错了方向。我会想，我辛辛苦苦，究竟都干了些什么？于是我就要反思我的教育理念，反思我们的教育制度，和外国的教育相比较，看看他们的想法做法是否有和我们不一样的地方，是否有它的道理，然后决定自己以后该怎么想、怎么做。我们不是天天讲师德吗？愚以为这是最要紧的师德。我们不是天天讲爱国吗？愚以为这才是真正的爱国。当一个教育者怀疑自己如此批量生产"应试英雄"是否真爱国的时候，那倒是真的爱国了。因为实际上，高考状元这个名头，它给学校、家长、某些官员、某些公司带来的好处，远多于给国家带来的好处。

我希望青年教师都有这样的良知，都能多为国家和民族着想，这样，我们的教育才有更美好的未来。

8. 创造优良的小气候

在一个认为运动员和明星比科研人员和消防员更重要的世界里，培养友善而又聪颖的人已经变得几乎不可能了。但是我们却在56号教室营造了一片不同的天地。

（雷夫·艾斯奎斯．第56号教室的奇迹：让孩子变成爱学习的天使 [M]．卞娜娜，译．北京：中国城市出版社，2009：11.）

可以看出，雷夫老师对美国教育的大气候（社会风气）很不满，批评相当严厉，而且承认教育工作异常艰难（几乎不可能）。美国教育处境如此，真是给我国的某些人当头一棒，因为照他们的意见，中国只要实现美国式的民主制度，教育就会一片光明。雷夫老师的话告诉我们，没有那样的好事，制度并不能保证解决教育的问题，教育有教育本身的问题，需要教育者自己来解决。

不要幻想别人来解决你的问题，事实上别人只能解决他自己的问题，你的问题最终要靠你自己来解决，这和你不能让别人替你吃饭是一样的道理。

不过我发现一个有趣的现象，好像教育者总是不满现实。美国的教师对美国社会不满，中国的教师对中国社会不满，从孔子开始，教师好像少有对社会满意的，教育与社会风气之间似乎总有一种张力、一种矛盾。愚以为这是好事情。教育代表未来，校园风气如果与社会一样，则未来社会停滞不前；校园风气如果比社会还糟，这个社会就要完蛋了。只有校园比社会单纯，比社会干净，比社会更有朝气，比社会更智慧，社会才有希望。在这个意义上可以说，教师对社会不满，正是社会前进的动力之一。

但是不满有两种，一种是积极的，一种是消极的。积极的不满是一种批判性的思考，后面紧跟着自身改造社会的努力（即使这种努力看起来微不足道）；消极的不满则只是埋怨，甚至把自己素质不高的责任推给社会，等着社会来推自己一把或拉自己一把。

雷夫老师的不满是积极的，他看到了大气候的不良，但相信自己可以在一个小角落创造一种好的小气候来影响大气候，水滴可以影响大海。中国也有很多优秀教师是这种态度。其实孔夫子当年就是这种态度（抛开他的政治立场不谈），知其不可而为之。这种教育者，当然会受到人们的尊敬。他们有所行动，而不是伏在那里哀鸣。

9. 教育不是出风头的事业

教育需要耐心，需要意志，还要有方法。轰动啊，热潮啊，震撼啊，火爆啊，精彩亮相啊，闪亮登场啊，隆重推出啊，这些东西，都与教育无缘。“随风潜入夜，润物细无声。”杜甫的这两句诗，倒更符合教育的本性。所以，急于求成者，好大喜功者，想发财者，不甘寂寞者，心浮气躁者，表现欲旺盛者，雄心勃勃打算“一年上一个新台阶”者，想以优秀教师为阶梯踏上仕途者，想以教育政绩步步高升者，最好赶快离开教育界。你们走错门了。这里是宁静的地方，这里是淡泊的地方。这里的人们应该以学生的成长而不是以完成指标为自己的真正收获。我走在花园中，但见百花齐放，阵阵香气扑鼻，而我是这里的园丁，这才是教育者的最大满足。缺乏园丁心态者，劝您别当老师。您受罪，孩子也受罪。

当教师比当医生更难。医生给病人治病，好了就是好了；教师培养学生，只有段落，没有结尾。有些专家，有些校长，有些教师，把一个学校、一个班、一个问题生搞得有点进步，就介绍经验，大肆宣扬，只谈过五关斩六将，绝口不提走麦城。从学术角度看，这是不科学的，你不能以点代面；从生活经验角度看，这是不慎重的，弄不好后来的事实会出你的丑。

多年前曾经有一部轰动一时的电影，是关于少年犯的。导演独出心裁，几位主角用的都是真的少年犯。导演的用意不错，希望用这种方式赏识他们，让他们出名，让他们得到大家的认可，恢复他们的自尊自信，开始新的生活。事情进展不错，他们演戏表现很好，片子拍完，就减刑把他们都释放了，皆大欢喜，传为美谈。然而他们回归社会不久，就陆续重新犯罪被抓回去了，几个主角无一例外，兜头给人们泼了一盆冰水。这是怎么回事？心理学家荣格说过："顽固的习惯，不管有了多少理解，如果没有新的习惯来代替它们，它们就不会消失。"少年犯都有不良生活方式，这种东西是不会因为一次出名的冲击而改变的，需要真正懂心理懂教育的人设计复杂的训练方案来逐步改变。文艺工作者往往把此事想得太简单了。我看有关教育的电视剧，经常发现这种毛病。这是可以理解的，隔行如隔山。文艺工作者常常能给教育者很多有益的启发，我们当老师的，应该欢迎任何人对教育说三道四，品头论足，出谋划策，但是我们自己头脑要清醒：教育不是出风头的事业。"语不惊人死不休"的姿态，用在教育上不妥。

这里我还想给壮志凌云的教师们一个诚恳的忠告：和媒体打交道时，话不要说满，一定要留有余地。要知道目前无论你取得多大的成绩，都不能保证以后仍然如此。你的工作对象是活人，而活人是很难预测的。媒体把你的一个成功典型捧红，然后又披露他变坏了，把他抹黑了，只要媒体没有造假，这前后两种报道都是好新闻，都是他的工作成绩。你不能埋怨他变脸，人家的工作性质就是如此。这叫做成也萧何，败也萧何。

然而，只要你完全没有出风头的打算，这种尴尬是可以避免的。不管社会如何浮躁，我们都要静心。从这个意义上说，教育者应该是社会的"定海神针"。青年教师如果认为自己没有此种定力，则最好赶紧跳槽，到其他行业去施展自己的才华。

10. 对自己也要“因材施教”

有一件表面看起来很奇怪的事情：越是不了解自我的人越是以自我为中心，只对自己感兴趣；相反，真正了解自我的人反而会把更多的兴趣转向世界，转向他人。

不信你看这样的例子：如果你发现某教师总是对人诉苦，怨气冲天，似乎全世界都对不住他，似乎地球上只有他最倒霉，你就可以断定，这一定是一个不了解自我但只关心自己的人；一个关心他人的人是不会每日对人诉苦的，无数例子告诉我们，利他主义者都是乐观的人。人为什么悲观？为什么焦虑？根本原因之一是他既不关心他人，也不了解自己，他在忙活他根本做不到的事情，他不知道自己是谁，他给自己定的目标是虚幻的或者是自相矛盾的。再比如我们周围很多人都有“官瘾焦虑”，总想当官，看见别人升官，又羡慕又嫉妒，有人直到退休了还在愤愤不平。我想，如果他们学点心理学，其中不少人就不致这样焦虑了，因为显然，做官需要具备某些性格特点，没有这些特点的人最好远离乌纱帽。我见到过一些优秀教师，一旦被提拔成校长之类，业务上从此就难有进步了，甚是可惜。中国缺少真正的教育家，这是重要原因，许多有教育家潜能的人都不幸被提拔成官员了。

心理学可以让我们搞清自己是什么材料，以便对自己“因材施教”，发挥最大的潜能。我很遗憾我青年时代没有接触到真正的心理学(那时候确实也没有条件)，否则我至少能给自己节约10年时间。人生有几个10年？大多数人可能至死也未能认识自我，糊里糊涂地活了一辈子，这是很可悲的事情。

很多人以为学心理学只是为了治疗别人，这是不全面的，还有人学心理学是为了控制别人，那更不是正路了。我们学心理学首先应该是为了认识自我，以便首先对自己“因材施教”。

举个例子，比如面对一个出了名的问题生——

第一位教师想：这是个可怜的孩子，我要用爱把他冰冷的心融化。

第二位教师想：这是一个挑战，我必须打赢。

第三位教师想：这是一个有趣的研究课题，正好提高我的专业水平。

第四位教师想：阿弥陀佛！但愿他在我这班不闹。他要是真的闹起来，我可怎么办呀！

第五位教师想：不行。我得想尽办法把他挤走，不然他肯定给我们班拉分。

第六位教师想：估计我管不了他。我就老找他家长，实在不成给教务处、校长送去。

如果您仔细观察这六位教师平日的言行（包括在家里），很可能会发现——

第一位老师是一个心软的、富于同情心的人，很情绪化，容易感动，爱看生活片，相信爱能改变一切。

第二位老师平日就是个强势的人，喜欢权力，喜欢指挥他人的感觉。如果这是一位女士，则她的老公很可能被迫患上“气管炎”。

第三位老师是一个比较冷静的现实主义者，喜欢思考，善于评估形势，逻辑思维能力强。

第四位老师性格软弱，遇事喜欢退缩，爱幻想，爱诉苦，总是一副无奈的样子。

第五位老师遇事喜欢逃避。逃避的方式，一是自己躲开，二是把麻烦转嫁给别人。

第六位老师无论在家在单位，都喜欢依赖他人。这种人遇到任何事情，首先考虑的不是“我怎么办”，而是“我去找谁”。

愚以为，这就是荣格所说的“心理装置”，或许也可以称之为心理动力模型、心理活动模式，也就是俗话说的“秉性”。每个人的心理装置都不同，遇事该装置会自然启动，沿着习惯的方向运行，于是人就按照某种特定的方式动作起来。就是说，每个人的头脑中都有独特的“参谋部”和“执行机构”，不管你是否意识到了，它们都会忠实履行自己的职责，掌控人的言行。可见，一个人的工作态度和他的生活态度原则上是一致的，因为它们是由一个共同的心理装置掌控的，工作态度只是生活态度在工作这个侧面的表现而已。工作是生活的一部分。

所以，我们想改变一个人的工作态度和作风，单纯在工作领域做文章往往治标不治本。我们的所谓师德教育之所以成效不理想，这可能是重要原因。你不从一个个教师的心理装置的特点出发进行个性化引导，只从外部灌输某些师德原则，很难内化成教师自己的东西。有一句流行语：态度决定一切。这话有道理，可是我们要追问：态度又是什么决定的呢？态度是由每个人的特殊心理装置决定的，所以态度很不容易转变。你会发现，你宣传某种正确的态度，某些人即使完全赞同你的意见，一旦临事，他还是会照原来的态度对待——他那个心理装置很顽固、很稳定。这样想，遇到学生“屡教不改”，你就能多一分宽容了，因为说到底，我们每个人几乎都是“屡教不改”的。我做教师培训工作，就常常感到转变教师比转变学生更加困难。

因此，如果要推广某种新的态度、新的理念、新的思维模式，千万不要幻想别人听懂了就会去做，这是不可能的。事实上最先领会和实行新模式的只能是那些原有心理装置接近新模式的人。我们一般说这种人"悟性好"，其实可能主要不是悟性问题，如果他的心理装置与新模式相差甚远，就很难"悟"过来。知道新课改为什么推行下去往往发生变形吗？我看重要原因之一是很多参与课改的教师心理装置根本就和课改的理念不相容。如果我们推行课改的时候，先把那些心理装置比较贴近课改理念的人找出来，由他们带头改，逐渐扩大影响，可能情况会比现在好得多。但是这要求课改主持者有相当的鉴别教师心理装置的能力。

如果说一个人的心理装置完全是先天的、不可改变的，那未免太悲观了，可能也不符合实际。作为教育者，我们不能这样看。但是我们也千万不要像如今很多局长、校长、教师这样盲目乐观，以为规定点条条框框，搞点检查评比，谈几次话，就能改变人们根深蒂固稳定异常的心理装置，这未免太天真了。无论针对教师还是学生，这样想都只能证明当事人自己的心理装置有毛病，该想办法调整了。您要成功，只能沿着自己心理习惯的方向加以引申和调整，按自己的路线图走向目标。教师的大目标是一样的，但走什么路，要靠自己摸索。

在这里，我劝青年教师学会"跳出自我看自我"，搞清自己的心理装置，或者换个比喻，搞清自己头脑中有哪些设定的"软件"，对自己搞点"因材施教"，如此才有希望成为一个明白人。

11. 人的自信是从哪里来的？

我们先说学生的自信。有人说孩子的自信是大人夸出来的，这种教育理念被称为"赏识教育"。愚以为赏识教育很是片面。实际上最自信的孩子都是经常取得成功或者取得过较大成功（做到了别人做不到的事情）的人，他人的赞誉虽然也在一定程度上巩固或增强了他们的自信，但毕竟是次要原因。赏识总要有个由头，总要有个抓手，夸张的赏识只能增加孩子的虚荣心，而“无中生有”的赏识，对于有自尊心的孩子则是一种侮辱，等于讽刺。矫情的、过分的称赞实际上会造成孩子的自卑感，为了平衡心中的自卑，他们往往不得不求助于虚张声势、吹牛。这类学生大有人在，他们可能正是“赏识教育”的受害者。教师的主观愿望或许是想“树立”他们的自信，客观效果却相反。

所以，要培养学生的自信，关键是帮他们取得大大小小的成功，让他们切实感觉到自己的成长，这就要给他们提供各种各样的平台，而不是单纯用考试分数来衡量学生。应试教育最大的问题是只成就了善考试者的自信，而挫伤了其他孩子的自信。我的成绩可能不如别人，但是我能做成一些事情，甚至是高分生做不到的，这样我当然就找回自信了。人可以在某个领域不自信（比如我在酒量方面就不自信，我酒精过敏），而只要整体上有自信就行了，处处自信则匪夷所思。培养学生自信还有一点要注意，给学生的任务要适合他的能力，让他“跳一跳能够到”，太难了会挫伤他的自信，太小儿科了自信无从产生，设计如此情境，需要教师很费一番脑筋。可见，培养学生自信是技术含量相当高的工作，以为只要不停地乱夸奖孩子，他就有自信了，这真是太好笑了。教育不是哄小孩，把成人关系中阿谀奉承那一套迁移到教育中来是不行的。

再说教师的自信。教师的教育自信、职业自信是从哪里来的？一般认为，良好的业绩，获奖评优，领导的表扬，同事的称赞，学生和家长的认可是教师自信心的来源。这当然不错，但愚以为，这是不够的，因为这些都是“输入型的自信”，靠的是外部评价，一旦外部评价有变，自信就可能动摇甚至崩溃。我见过很多这样的青年教师，受点挫折，就像泄了气的皮球一样。还有人主张“自我激励”，就是每天对自己说：“我很酷，我能行，我是最棒的。耶！”这属于阿Q精神的一个变种，有一定的作用，不可全盘否定，但毕竟显得虚浮，我把上述自信称为“泡沫自信”。

各位青年朋友注意：要建立真正的自信，一定要有自我评价的习惯和能力，不要跟着环境跑。也就是说，我若切切实实感到今年我处理同样的问题比去年办法更高明了，而且更轻松了，切切实实感到以往总是回避的问题如今我敢于面对而且有办法了，或者我虽然打了败仗，但我得到了经验，下次再遇到此种情况取胜的把握更大了，则无论我是否被评为优秀教师，无论我是否先于他人取得了高级职称，我都很自信。因为我的实力增强了。在这个意义上我们可以说，自信不自信不是最要紧的，最要紧的是自知之明。真正的自信来源于实力。超出实力太多的“自信”其实是“自欺”，远远低于实力的“自信”则是“自虐”，都是病态。与实力大致相当的自信才是有益的，其人的心态才是正常的。所以，我希望青年教师不要多想“自信不自信”的问题，而把主要精力放在自我评价能力的提高上，有了较强的自我评价能力，有了这种主体性，自信是水到渠成的事情。

经常回视自我而不是总揣摩他人的脸色，这种人才会有真正的自信。教师如此，学生也如此。

12. 别太拿自己当回事

不拿自己当回事当然不好，那是自卑；但是太拿自己当回事也不好，那就自大了。请看下面的例子。

尘封的落叶（K12班风小论坛，发表于2011-09-26）

刚毕业初带班当班主任，兴许是责任心太强，所以有段时间我曾被责任压得几乎要喘不过气来了。那时我把责任无限扩大化，认为只要班里的孩子出了事就是我没做好、没尽到责任，每天都活得很累。尤其是班里有一个特顽固不化的孩子，频繁地违反校纪，我对他付出了很多，也曾取得一些成效，让我觉得很有成就感，但最后因为积习难改他还是离开学校了。因为这事我一直觉得很内疚，也许一个孩子的人生就因为我而改变了。后来听了王老师的讲座，我觉得好似吃了一颗宽心丸，对于那个孩子我真的已经做得够多的了，学校真的已经不适合他待下去了，他应该到社会中去让社会上的人来教育他。现在他在天津打工，还曾回学校来探望过一次，看上去过得挺好的。

（摘自：K12中国中小学教育教学网）

上面这位老师，刚开始当班主任时就犯了“太拿自己当回事”的错误，老觉得自己能把每个孩子都教育好。如此，一旦教育不好，就会把责任都揽到自己头上，这在心理学上叫做“自我攻击”，你变成了自己的敌人。

各位青年教师，请听我说。人生受到的教育有三个方面：家庭教育、学校教育、社会教育。学校教育只是三者之一，而且一般地说，在人格形成方面、价值观形成方面，家庭教育和社会教育起的作用比学校要大，不信你想想自己的人格与价值观的形成就知道了。再比如你是中学教师，你只不过是学校教育的一个小小段落，如果你只在一个班任教一年，那更是一个小小段落了，学生之前有幼儿园、小学，之后有高中、大学，凭什么他的问题就该在你的任期内解决？再说，教同一个班的老师那么多，走马灯一样，你怎么敢保证某个学生一定受你的影响最大？就算你是班主任，你也是他唯一的班主任，对不对？这么一想你就知道自己的位置了——你不过是众多影响学生的因素中的一个小小因素而已，在学生的人生长途中，你可能只是一个匆匆闪过的“熟人”。我看过很多中小学生的五项图（一种心理测验），其中“另一个人”，绝大部分学生画的都是同学和小伙伴，很少有画家长的，画教师的几乎没有；我只见过一次画教师的，还把老师化成了一个小乌龟（当然，是善意的），其实是当做朋友来处理的。这说明什么？说明教师在学生的心目中并没有我们想象的那么重要和亲近，你为什么非要把自己看得那么重要呢？这不是刻意增加自己的心理负担吗？自大和自卑是一枚硬币的两面，你会发现，正是那些把自己太当回事的老师，往往又会跳到另一个极端，哀叹教师是“弱势群体”，“没人拿我当回事”。总之他不是左摇就是右摆，总是不能把自己放到恰当的位置上。

有人也许会说，你这么讲，会不会导致教师放弃责任？按我对中小学教师觉悟的认识，这不可能，有也是极少数的。多数教师有了这样实事求是的自我评估，反而会更好地履行责任。任何一个人都只能负自己该负的、负得起的责任，不能搞“责任无边”论。既然我们不是神仙，就不要像神仙那样期望自己，否则神仙当不成，弄不好就“神经”了。所谓“别拿自己太当回事”，就是不要腾空飞翔，而要双脚落到地面上来，要把自己“请下神坛”，别人夸你是神仙你也别信，总要记得自己是个凡人。我前些年指导家庭教育的时候，常有家长拿我当救星，我就很难受，因为一旦你不能达到他的期望（家长的很多期望都有做梦的性质），他就会说你是骗子。你说你冤不冤？所以每当遇到此种情况，我都赶紧对家长声明：我不是救星，我也不是骗子，我是您的一个朋友，帮您试试。各位青年教师：我劝您也别把自己当成学生的救星。我们其实就是学生的一个大朋友，对学生能帮多少帮多少，尽力而为，问心无愧而已。教师的伟大之处，就在这里。

13. 学生不理你，不要寒心

尽管你很出色，但对于学生来说，同伴的看法才是真正重要的。我的学生曾经这样问我，放学后他们能不能和我待在一起，和我聊聊天，但第二天他们和朋友在一起的时候又允许他们不理我。为什么他们在星期一下午三点的时候那么喜欢我，但到了星期二早上就不理我了呢？很简单，因为他们的朋友更重要。不要惊慌，他们会回来的，而且他们还是希望，到那个时候你能够张开双臂欢迎他们，因为你是可以令他们备感安全、能够帮助他们学习的人。

（雷内·罗森布拉姆－洛登．你必须去学校，因为你是教师——250条使你的工作变得轻松愉悦的课堂管理策略［M］．郑丹丹，译．北京：中国轻工业出版社，2008：19．）

这类情况几乎每个老师都会遇到。教师会很寒心，或者很愤怒，觉得这些学生简直是没良心、白眼狼、小骗子，一副备感人情冷暖、世态炎凉的样子。其实这大可不必。孩子就是孩子，他们是善变的，而且确实，对他们来说，朋友比老师重要，他们宁可得罪老师，也不愿得罪朋友。这是很正常的。

我曾多次参加我的学生毕业后的聚会。我发现他们中的多数人最想见到的并不是老师，而是某几个朋友。有一次我感觉一个男生和一个女生言谈举止有点微妙，就悄悄向其他学生打听，他们告诉我，原来这两个人是初恋情人。哇塞！本班主任当年（学生初中）竟然一点蛛丝马迹都没看出来，整个是一个傻老师。

我对此毫不生气。学生有自己的生活，我作为教师，不过是他们生活中很小的一个部分。他们没有忘记我，聚会还来邀请我，这已经很好了。我为他们高兴，为他们祝福。

教师总想永远留在学生的脑海里，而且希望在其中占据一个很重要的位置，有这种想法，我觉得是很愚蠢的，缺乏自知之明。这多半只会增加自己的烦恼，破坏心理健康。当然，可能会有些学生和你成为终生的朋友，也可能有的学生认为你影响了他的一生，但这些，都应该让人家自己去认定，而不要由我们来设想和奢望。经验告诉我，你越想盘踞在别人脑海里，人家把你忘得越快，不如听其自然。

14. 读书要有“学渔”的心态

这里所说的读书，特指教师以提高专业水平为目的的读书。

据我观察，中小学教师总的说来读书热情并不算高，其精力更多地用来“逼别人读书”了，即使剩下一些读书热情，在专业进修方面的读书，也普遍层次不够高，具体地说有以下几种情况：

（1）买鱼式的读书。这种读书的特点是想到书中去讨招数，希望书上都是“拿来就能用，用了就管事”的诀窍。这种情况非常普遍，可以说是教师读书提问的常规姿态。有个很典型的例子。有一位初一的班主任说，他们班的墙报还没有布置，但是墙报的泡沫板已经被学生破坏得非常严重，他问我，应该如何教育学生让他们爱惜墙报。我回答：建议您到学生中去调查一下，他们为什么破坏？这不一定是冲着墙报来的。这位老师没有给我回音。大约5天之后，还是这位老师，又用同样的方式来提问，但是换了一个问题：我带的班里面有几个学生发型不过关，说过好几次让他们去剪头发，他们死活不肯剪，该如何让他们剪头发呢？我回答：如果死活不肯剪，那说明现在的发型对于他们一定有特别重要的意义，你把这个意义是什么搞明白，解决这个问题的可能性就增大了。我只能告诉你这些，我并没有灵丹妙药让你立刻达到目的。我的思路是希望他先问“为什么”，而他的思路是只问“怎么办”，伸手就讨招数，不想或者不习惯自己动脑筋分析问题。这样，即使我能告诉他一两招，即使真的解决了问题，遇到其他问题呢？难道都去问别人？语曰：“授人以鱼，不如授人以渔。”同样道理，求人以鱼，不如求人以渔。可是这位老师看起来对别人的思路非常不敏感，他只想直接要办法，也就是说，不想学渔，只想买鱼。这种买鱼式的读书提问当然也能有点收获，但只能学点皮毛。

（2）买服装式的读书。这种读书一般出现在期末写总结或者评职称写论文的时候。那总要说出点“有水平的话”来呀，要上点档次呀！自己手里又缺货，于是找几本书翻一翻，从网上 down 下点文章，选几句像样的话，像新潮服装一样裹在文章外面。这种读书，就属于买服装式的读书。我不敢说这种读书一点收获没有，但是总的说，这种读书比不读强不了许多，“过眼青钱转手空”。

（3）买分数的读书。这种读书方式是在专业技术学习时使用的应试主义的读书。为了学分而读书，为了考试而读书，为了某个结业证书而读书。不得不死记硬背一些东西，考完了就都“还给老师”了。这还是好的，如果居然记住了一些，又没有消化，能像纸上谈兵一样滔滔不绝背诵一些，然后拿这些东西到处乱贴标签，那就不但没学到真本领，而且增加了狂妄。当然，如果确实消化了一些，这种读书是会有些收获的。

虽然这几种读书方式是常见的，而且是难免的，也有某些正面作用，但我还是希望青年教师们能超越这几种读书方式，以“学渔”的心态来读书，也就是说，读书主要不是看作者的结论和招数，而是揣摩作者的思路，看看人家是怎样提出问题的，怎样展开思路的，怎样验证自己的想法的，怎样质疑自己的想法的。学习人家的思维方式，提高自己的分析问题解决问题的能力。有了这种能力，即使遇到问题一时不知道怎么办，你也知道通过什么路子去寻找办法。现在很多老师最致命的弱点不是遇事没有办法，而是不知道怎么想办法，于是只好伸手像别人讨招数，人家要是不给他“拿来就能用”的办法，他就说人家“理论脱离实际”。

要想当先生，先要当学生。愚以为，看一个人怎样当学生，就知道他会如何当先生。如果一个人处于学生地位时总是一副“买鱼”的学习态度，则我基本敢保证，他处于教师地位时，一定是个“卖鱼”的，他找不到“授人以渔”的感觉。可见你的学习模式决定着你的教学理念。要改革我们的教学，先要“改造我们的学习”（毛泽东语）。

有人问我：你能不能“鱼渔”兼授？既卖鱼，同时传授打渔之术，人家岂不是更容易接受？这确是一条可行的思路，实际上我一直在朝这个方向努力，不过“鱼”只是我的例子，我通过这些例子要讲的重点，还是思路、思维方式，还是“渔”。但我遗憾地发现有些老师瞪着眼睛只看见了（或只想看见）我的具体招数，至于我的思路，他硬是看不见，前面我举的墙报和剪头发的例子就是这样。所以愿青年教师读书时都有点“学渔”的心态，也就是所谓“活学”。

15. 在人际关系方面，少投入一些精力

有人说，好人缘、好口碑能带来成绩和荣誉。我想问的是，好人缘好口碑能增加人的智慧，提高他的能力吗？好像没有直接关系，人缘好而智商低的人我们见多了。如此说来，他的成绩和荣誉就可能有相当部分是靠智慧之外的因素获得的。这倒也没什么不可以，

但是这正是我们很多“名师”盛名之下，其实难副的重要原因。鲁迅说过，中国人很多事办不好，是因为在人际关系方面耗费精力太多了（大意）。我想鲁迅这话至少还能适用100年。今日中国的情况也还是这样。人们为了搞好人际关系而屈就他人，向上级讨好，对同事演戏，参与无聊的应酬，做很多违心的事情，活得特别累。我建议青年教师少做点这类事。上班来下班走，不搬弄是非，不拉帮结派，不与人争名夺利，对上不谄，对下不骄，好好做自己的工作不就行了吗？何必刻意追求什么“人缘”？这样，占不到“近水楼台先得月”的便宜,可也没有“树倒猢狲散”的危险。我个人的经验，这种活法很是轻松快乐，而且对国家更为有利。人有两种。一种人吃“关系饭”，一种人吃“实力饭”，我赞成后一种人。吃关系饭毕竟只是暂时吃得香，长远看，可能变臭。而要提高自己的实力，必须有足够的时间。历史上为什么奴隶主比奴隶学者多？那就是因为奴隶主有更多空闲，并不是因为他们比奴隶格外聪明。天天忙忙叨叨送往迎来，哪还有时间研究教育？连静下心来都难做到。校长难出教育家，这是个重要原因，他们用在酒桌上的时间可能比看书的时间还要多。

当然，如果哪位青年教师有志于做官，我上面的话对他就不适用了，要做官，不搞人际关系是不行的。

16. 少说话

先贤也主张少说话，有道是“病从口入，祸从口出”，但我主张少说话不是这个原因，我主张少说话的原因是，多言影响思考。

我劝各位青年教师把自己的讲课、与学生的个别谈话、在教师业务学习会上的发言做几个录音，然后自己认真听一听。你可能会发现自己的废话、套话、陈词滥调不少，要是能压缩一下，节约出一部分时间，或可增加一些思考。人也可以一边说话一边思考，但是更主要的思考方式是在心中说话，用“内部语言”自言自语，所以人在陷入沉思的时候一般是闭嘴的。反过来说，如果你嘴里在不停地说，说的又是老套语言，那你的大脑就无法分出精力去做真正的思考了——外部语言干扰了内部语言。另外，创造性再强的人，也不可能一开口都是创新的内容，所以人只要多说话，就不可避免地要重复自己，这种事，当然越少越好。再说，老师太“贫”，学生也很烦。

有人也许会问，我看到学生有问题，难道不能说话吗？能说，应该说，但要少搞无用的“讲道理”，说了几次不管事，就要改换办法，否则这类语言就会变成“例行公事”，教师则越来越远离思考。

沉默是金，表面沉默而脑子始终在转的人是最厉害的，轻易不开口，偶尔说几句，其语言往往更有分量，因为他是想好了才说的。这也是个精力分配的问题，他们把最主要的精力用在“生产性的语言”上了，而口若悬河的人，说的多是“消费性语言”。

但有些青年人表达的欲望实在强烈，不让他说话他难受，要憋死了，怎么办呢？我建议您在言谈内容上做点文章。您业余尽可以说笑话、聊家常、侃大山，而在工作中最好少言寡语。千万注意不要哇啦哇啦大谈您在大学学的那点“教育学”。那些东西，对于您，很可能只是死的知识（纸上谈兵），您不如多考虑如何在实践中激活它。没激活之前，最好闭嘴。这主要不是个谦虚不谦虚的问题，而是诚实态度和节约精力的问题。想用背书证明自己有真本事，那就把自己骗了。

当然，缄口不语并不意味着其人一定在思考，沉默也未必总是金。您的沉默到底含金量多大，可能只有您自己清楚。这种事可不能忽悠自己呀!

我的这个建议在网上遭到批评。有的老师说这是要青年教师“当个孙子”，会“磨灭个性”，“扼杀青年教师的创造性”。愚以为事情常常相反。我见到有些特别会说话、会搞人际关系的年轻人，反而是在竭力“当个孙子”，看到他们向领导讨好的姿态，我感觉他们真是“提前成熟”了。这种人，往往倒是比较缺乏创造性的，他们只想吃“关系饭”。历史上创造性最强的人几乎都不爱多说话——他们把精力都用在研究问题上了。至于“磨灭个性”，我已经考虑到这一点了，所以我特别建议那些“不说话就难受”的人可以多说点闲话以满足“表达欲”，只是希望他们在专业问题上少说。因为你还没有多少实践经验，如果工作伊始就一副“真理在手”的样子，乱发议论，这种人，按毛泽东的说法“十个有十个要失败”。这不是个“装孙子”，“装爷爷”的问题，而是一个科学态度的问题。我建议青年教师少说话，实在是希望他们不要上手就栽跟头。当然，我不过建议而已，有渴望栽跟头的，可以自便。

17. 注意精力分配

人的精力是有限的而不是无限的，如果把它比做一个蛋糕，则这个蛋糕无法做大，只能在如何切蛋糕上做文章。班主任工作与教学，班级整体工作与个别生教育，备课与改作业，个别谈话与家访，领导交办的任务与自己的想法，工作与休息，教育别人的孩子与教育自己的孩子，所有这些，都要仔细盘算，看看分别使用多少精力，切下多大一块蛋糕为好。没有这种盘算，没有预案，就全成了“遭遇战”，穷于应付，失去了主动性。我建议青年教师经常把自己想到的事情一项项写在纸上，剪成小条，按轻重缓急重新分组排列。排一遍，心里就有数了。这是把自己的精力分配作为课题来研究。

如果一个人在精力分配方面没有自觉性，他就只能被动地跟着领导的安排走，或者打“遭遇战”，头疼先医头，脚疼再医脚。这种人精神怎么独立？所以，学会分配精力，是一个人精神独立的必要环节之一。事实上有多少可以独立支配的时间，正是一个人精神独立的物质基础。如今的师生独立性很差，与他们的时间完全被占据大有关系。自觉地进行精力分配，不但可以减少无用功，提高工作效率，更重要的是给自己多争取点独立支配的时间，也就增加了人的独立性。我想这不难理解。

18. 善待你的“棱角”

有位老师主张“青年教师，还是少一些清规戒律，保留一些棱角的好”。为此他提供了以下材料：

年轻人能干点什么？

——牛顿，23岁发现万有引力，开始微积分的创立。24岁成为剑桥大学教授。

——伽利略，25岁被誉为当代的“阿基米德”，任比萨大学教授。

——爱因斯坦，26岁发表《狭义相对论》。

——瓦特，23岁开始研究蒸汽，29岁发明蒸汽机。

——马克思，23岁被称为德国最伟大的青年哲学家。

——恩格斯，21岁发表论文，30岁前和马克思完成马恩全集一至五卷。

——列宁，24岁发表《什么是人民之友》，29岁完成《俄国资本主义的发展》，被称为俄国的“资本论”。

——毛泽东，26岁主编《湘江评论》。

——歌德，25岁发表《少年维特的烦恼》。

——席勒，24岁写成《阴谋与爱情》。

——狄更斯，24岁发表名著《匹克维克外传》。

——泰戈尔，24岁出版诗集。

——高尔基，24岁发表名著《马卡尔·楚特拉》。

——巴金，24岁发表代表作《家》。

（摘自：K12中国中小学教育教学网）

很振奋人心。自古英雄出少年。青年人较少保守思想，创造性强，确实应该敢想敢干，保持自己的独立思考。

不过这位老师的所谓“棱角”却是一个很模糊的概念，而且基于中国人的习惯思维，很容易使人联想到人际关系上面去。事实上这位老师所举的各位名人，在人际关系上未必都是有棱有角的，至少我知道其中的歌德就是个滑头，伽利略则好汉不吃眼前亏（磨去棱角），巴金也不是很有锋芒的人物。我想，所谓有棱角（坚持自己的立场），可以体现在政治上、人际关系上，也可以体现在专业领域，最好自行抉择。

伟大人物是压不住的，他们有足够的勇气和意志力，有惊人的才干，他们总会脱颖而出的。然而我们大多数人不属于伟人，我们或者勇气不够，或者毅力不够，或者才能不够，这种情况下，如果急于展示锋芒，万一受挫，就可能一蹶不振，本来能发挥的潜能反而发挥不出来了。这类青年人我见过很多。所以，出于自我保护的需要，我作为过来人，还是诚心诚意劝青年人适当“藏锋”。“木秀于林，风必摧之。”中国人有枪打出头鸟的“集体无意识”，所以还是小心一点为好。像我这种年龄，枯藤老树，风一般是吹不倒的，小树就容易折断。藏锋并不妨碍你前进，一旦你遥遥领先，别人再想如何如何就不容易了，你树大根深了。

我还发现有些青年人并无真才实学，却一味张牙舞爪，口吐狂言，一副怀才不遇、不可一世的样子，动不动就说别人压抑了他，埋没了他的天才。这种人更不可以鼓励他头上长角，身上长刺了，你会把他弄成神经病的。他们应该练习夹起尾巴做人，先脚踏实地学会挣碗饭吃。

总之，我不主张笼统地赞扬青年人的棱角，而主张具体分析，自我选择。

19. 做教师是否需要天赋?

在过去的四分之一世纪里，我几乎把大部分时间都花在了位于洛杉矶市中心的一间教室里。这间教室又小又破。因为有一点点天赋，还有一点幸运，我的工作受到了一些认可，每天我都生活在大家关注的目光里。

（雷夫·艾斯奎斯．第56号教室的奇迹：让孩子变成爱学习的天使 [M]．卞娜娜，译．北京：中国城市出版社，2009：10．）

雷夫老师把自己的成绩归因于“努力，天赋，运气”三点，这其中我最感兴趣的是“天赋”一项。我年轻的时候就思考过这个问题，一直没想清楚。当时的流行观点是“党叫干啥就干啥”，不作兴谈什么“天赋”的。后来我遇到了顾竟夫老师，他的话给了我很大启发。顾老师是我们地区的数学名师，我久闻大名，如雷贯耳。20世纪70年代末，老先生在一个培训班上发现我儿子有些聪明，竟主动跑到我家来辅导孩子数学（完全是无偿的，我那时也没钱）。我很感动，乘机向顾老师询问一些教育问题。记得当时顾老师很明确地对我说："做教师需要天才。"确实如此。顾老师到了我家，还没进门，就隔着玻璃对我儿子做了一个鬼脸，爷俩立刻混熟了。这是很多教师一辈子都做不到的。至今想起来，顾先生的音容笑貌如在眼前。我儿子上中学时还写过一篇作文歌颂顾老师。对了，顾先生也是作家刘绍棠的老师。先生去世时，我还在报上见过刘绍棠悼念顾老师的文章。顾老师关于教师天分的话，坚定了我的想法：做教师，也需要天分。

那么，所谓做教师的天分，含义是什么？我初步的看法，一是有孩子缘，见了孩子如鱼得水，二是特别善于理解孩子的心理，再一个是特别善于用孩子能懂的语言与孩子交流。这些本领，有天赋的成分，有些甚至是学不来的。

我这么一说，肯定会遭到很多人的反对。作为教育者，只要你一谈"先天"，就有"叛徒"的嫌疑，因为教育这件事几乎是专在"后天"上做文章的。我其实也不是多么热爱"先天"，只不过我感觉这种东西确实存在，只好承认之。

愚以为，从是否具备做教师的天赋角度，可以把教师分成三类：

(1) 有天赋的教师。你会发现这种人当老师当得很高兴，很洒脱，很少职业倦怠。他们比较容易成为优秀教师，即使当不成优秀教师，也乐在其中。这种人目前比例不大。

(2) 无天赋，但也无明显障碍。这种人是教师中的多数。工作很辛苦，很尽责，说不上多么喜欢这个工作，但是经过努力，可以取得成绩，其中有很多人还能成为优秀教师甚至名师。但是可以看得出，学生和他们的关系不是鱼水关系，他们也不大了解学生的心。

(3) 有明显障碍。这种人的个性其实不适合与孩子打交道。和孩子在一起，他们很累心，孩子也痛苦。打个不大恰当的比方，就好像性格不合的夫妻在勉强维持婚姻，大家都不自在。这种人在教师中并不少，他们走错门了。

我希望第三种人逐渐离开教育口，他们应该到更适合自己的职业中去实现自我。我还希望以后尽可能把第一种人吸引到教师岗位上来。至于第二种人，会永远存在的，比例也不会小，他们是合格的教师，甚至优秀的教师，但不是天生的教师，他们的生活质量注定比第一种人要稍低一些。

第二部分

思维方式

20. 教改与科研，关键都是思维

教学法的要素与思维的要素是相同的。这些要素是：学生要有一个真实的经验的情境——要有一个对活动本身感到兴趣的连续的活动；第二，在这个情境内部产生一个真实的问题，作为思维的刺激物；第三，他要占有知识资料，从事必要的观察，对付这个问题；第四，他必须负责有条不紊地展开他所想出的解决问题的方法；第五，他要有机会和需要通过应用检验他的观念，使这些观念意义明确，并且让他自己发现它们是否有效。

（约翰·杜威. 民主主义与教育 [M]. 王承绪，译. 北京：人民教育出版社，1990：179.）

显然，这就是研究性学习、探究式教学、问题解决式教学的路子，也就是科研的路子。在杜威看来，科学研究的路子与教学的路子是一样的，其核心都是"思维"。我国有人说，国外的教育是从小就把学生当成研究生来培养，这话说得不错。小孩子的研究与科学家的研究虽然不在一个层面上，但是思路的大框架应该是相同的，只有从小奠定这个大的框架，孩子长大才能真正成为科学家和创造者。这是一元论。

可我们这里流行的却是一种二元论：孩子是孩子，科学家是科学家。小孩子的任务不是探究，不是创造，而是先积累知识，积累得越多越好，等他们上了大学，再学习研究不迟。这就把基础教育与高等教育割裂了，把孩子的思维与成年人的思维割裂了。这种人万万没有想到的是，孩子不可能单纯积累知识，他们在死记硬背的同时，也积累了可怕的态度——非探究的态度，不动脑筋的态度，脱离实际的习惯。也就是说，还没等上大学，他们的脑子就被缝成了口袋，里面塞满了教师灌进去的互不关联的“知识”，考试之后，就都“还给老师”了。有学者告诉我们，我们的留学生在搞研究的时候，自己往往提不出研究课题，于是去找导师出题（这是应试思路，你出题，我答题），而外国学生在这方面却强得多。这就可见，我们的许多孩子在中小学时脑子就已经锈住了。我还有一个更有力的证据是，我见到的中小学老师，绝大部分都没有分析问题的习惯和能力，他们一张口就问“怎么办”，而他们几乎都是大学毕业生，有些还是研究生。身为研究生却从来没有找到过研究的感觉，这在我国非常普遍，因为他们从小没有建立起研究的习惯和思路。于是你就明白新课改为什么强调探究式学习了。这个东西必须从娃娃抓起，晚了就来不及了，孩子的思维习惯一旦固化，长大了是很难改变的。按我们现在的教学方法，会把大批本来有希望成为创新型人才的孩子训练成只会干活的庸才、操作工。而我发现很多宣传课改的文章并未抓住“思维”这个本质，只在课堂表面现象上做文章，以为有讨论、有自学、有笑声、有掌声，显得很热闹，就是课改了。这太浅薄了，只是在包装上做文章。

当然，杜威的期望值可能太高了。你能在每一堂课中都设计出“真实的经验的情境”吗？即便设计出来，它们与教材的体系能丝丝入扣地吻合吗？这太难了。我不知道几百年以后教育能不能做到这种程度，反正目前是难以做到的。目前我们所能做到的，只是要让教师明白，教学方法的核心是让学生动脑筋思考，而不是记忆，即使我们不能堂堂搞情境教学，即使我们不能堂堂研究真问题，起码也应该让这种教学方式占有一席之地。也就是说，我们至少应该打破知识挂帅、思维缺席的教学状态，给落后的教学方法上点“润滑油”，以免早早地就把孩子们的脑子锈住。愚以为，目前我们能做的，不过如此。然而就这么点进步，仍然遭到许多教师的抵制，看来他们不把学生教傻誓不罢休。

作为青年教师，你可以试着安排一些没有标准答案的作业，每学期一两个即可。比如你可以让学生调查本班学生的所有外号，进行分类，评论其积极作用与消极作用，拿出对策。这将是一个科研成果，一篇小论文。再比如，你们学校周围环境噪音较大，你就可以发动学生想办法做全面调查，看各时段噪音各有多少分贝（画出一天或一个月的噪音曲线），查找噪音的来源（汽车噪音、建筑工地噪音、市场噪音等），然后参考相关资料，提出对策，甚至真的把这个调查报告提供给政府有关部门。再比如可以和学生一起，先给“垃圾作业”一个比较严谨的定义，然后发动学生选几个有代表性的星期，调查一下这几周学生一共做了多少垃圾作业，平均每个人浪费了多少时间，最后写成论文，提出对策。外号研究属于人类学，噪音研究属于环境科学，垃圾作业研究属于教育科学。这种论文学生可以单独完成，也可以以小组形式完成。这种研究，教师是无法垄断标准答案的。不用多，这样的学习方式只要每学期有一两个，从小学到中学坚持不断，则孩子们的头脑就不会僵化。他们从小就知道独立提出问题、分析问题、解决问题是什么感觉，从小就知道理论联系实际是什么感觉，从小就知道所学的书本知识确实有用。这不就是科研吗？这样的学生培养出来，其精神状态显然会是另一个样子，创新对于他们就不会是可望而不可即的事情了。愚以为，课程改革的目的，正在于此。可见，会思考的教师才能懂得教学的真谛，否则你跟他谈教改，很难沟通。

21. 如何处理行政服从与学术独立之间的关系？

1662年，英国科学家哈雷、雷恩、胡克等人建立了科学家社团，取名皇家学会，后来牛顿也成为会员。这个学会的座右铭是："不要听从别人，而要亲自观察。"我想，如果这不是科学社团，如果哈雷、牛顿等人作为官员来发言，他们是不会提出这样的座右铭的。行政人员不服从上级，该部门就没法运转了。但是英国在17世纪中叶，毕竟出现了这样的团体，毕竟出现了这样的座右铭。那时我国正是清朝，康熙当政。据说康熙本人对新的科学知识还是挺感兴趣的，他还学过代数几何。但是，我们能想象清王朝出现英国那样的"皇家学会"吗？能想象康熙治下出现"不要听从别人，而要亲自观察"这样的座右铭吗？我觉得不可能。说这种话，那是大逆不道。于是你就明白为什么我国古代经常领先于世界而到近代落后了。

科学家并没有与上级作对的爱好，他们所谓"不要听从别人"，主要指的是在专业领域，学术方面。科学家也往往有行政职务，比如牛顿就担任过造币厂的总管，在这个岗位上，他肯定要服从上峰的决定，不能自行其是。问题在于，他除了行政工作之外，还有能够独立自主的活动空间，在那里，他可以不服从任何人，只服从真理。而遗憾的是，在我们国家，这种空间比较狭小。我们的行政干预较强势，细致入微，个人独立空间较小。这样搞了几千年，我们就逐渐形成了一种固定的思维方式：什么都听上级的，行政上服从，专业上也讲服从。你看我们的学生，不就是这样吗？他们有多少能够独立支配的时间和空间？我相信很少有教师乐于向学生介绍"不要服从别人，而要亲自观察"这样的座右铭，他怕学生闹起来。而且因为我们的学生在传统文化中浸润已久，难于理解“不服从”的适用范围，一旦认同“不服从”的口号，他还真可能以为造反的时机到了。

教师情况也差不多。你会发现教师在专业领域遇到问题，总是喜欢埋怨上级，埋怨专家。他的意思是：我是服从者，我是执行者，我照你说的那样讲课，照你说的那样管学生，我弄不好，不赖你赖谁？这样说其实有一定的道理。作为上级，如果你把什么都管得死死的，不给教师多一些独立思考的空间，则事情搞不好，教师确实可以不负什么责任，责任在指挥者。科学家就绝不会把自己的研究失败归罪于任何人，因为他的研究从课题到研究方法都是自己决定的，怪不着别人。可见，没有独立性，就不会有真正的责任感。

行政压倒业务，管理挤掉独立空间，这在我们的学校是常态。于是多数教师一边享受着这种工作模式的“红利”（可以不动脑筋，可以推卸责任），一边又抱怨上级管得太多。我希望青年教师多少改变一点这种生存状态。首先要在思想上把行政服从与学术独立适当区别开来（注意，是“适当区别”，不是完全割裂，这二者是无法完全分开的），上级布置的任务，你得完成，但是为什么这么做，怎么个做法，你却可以有自己的理念。其次，要明白，和打工仔相比，教师的独立空间还是有一些的。公开课也许你不得不按规定的模式讲，家常课你就自由多了，而只要能保证考试成绩，一般领导乐得不管你。而且长远来看，未来教师的专业自主权可能会扩大，甚至可能用法规的方式固定下来，那时你再推卸责任就比较困难了。请记住，在专业问题上，不要服从任何人，你只应服从真理，但这并不意味着你必须和上级对着干。我知道，这样说好说，做起来很困难，但我相信青年人有智慧，能够逐渐掌握其中的艺术。

22. 想清楚了的事情，就不要摇摆

许多青年教师可能都有这样的经验，听到老教师或领导对自己有反映，赶紧调整自己的言行，然而随后又听到相反的反映，弄得自己左也不是，右也不是，手足无措了。

比如你是个在学生中间爱说爱笑的青年教师，忽一日，一位老教师教导你说："你这样，学生会蹬鼻子上脸的。不能给他们好脸！"于是你就竭力每天绷着脸，弄得自己的表情常常是哭笑不得的样子。这时另一位老教师问你："你在学生面前，表情怎么显得那么不自然？"这时候你的表情当然更不自然了，你一定感觉自己的神经系统已经控制不了面部肌肉了。再比如你本是一个不苟言笑的人，讲课时很少笑容，你和学生都已习惯。忽一日领导教导你："你应该搞微笑教学。"于是你只好竭力在课堂上挤出笑容来，结果学生就奇怪了："我们老师这两天怎么了？"这样，你会活得很累，你会发觉不知道自己是谁了，你卖力演戏，却总是得不到掌声。

我在青年时代也有过类似的经历。后来我才慢慢想通，众口难调，你不可能让人人满意，所以，只要你自己确实想清楚了的事情，你的言行有益于社会且不伤害他人，只管做下去，不要摇摆。更重要的是，不要以为只有舆论能影响你，事实上你也能反过来影响舆论，只要你够坚定。戴高乐说过："行动起来，批评就会消失。"这话有些道理。我从小爱看书，我看书不是做给别人看的，但是别人有时会瞧我不顺眼。放学后，有些老师总是聚在一处打扑克，噼里啪啦的甩牌声和大呼小叫声不绝于耳，我却在宿舍看书。于是就有风言风语，说我"有野心"。我毫不动摇，多年如一日，稳稳地坐在

那里，书读了一本又一本，这种议论却渐渐消失了。我想他们是说累了，找别的谈资去了。后来有一段时间，我被借调到县教育局的写作组参与写一本小说。我们那个写作组里面有人见我总是找一些平常见不到的书来看，就酸溜溜地在我面前说："我呀，只读一些别人都见过的书就行啦！"我对此也是装聋作哑。我想我能有今天这些研究成果，与我这种"麻木"态度有关。要是我当年谨遵这些风凉话行事，不但会浪费青春，阻碍自己专业水平的提高，而且也得不着好。你不看书，他们该说了："你这么爱读书的人怎么和我们同流合污了？"摇来摆去，里外不是人。不如索性横下一条心：我就这样了，爱咋地咋地！如果没有自己的明晰坚定的做人原则，行动随流言飞语摇摆，实际上你就是自己心灵的"叛徒"。你背叛了自我，又不甘心，这种滋味是很难受的。如果你确实没发现自己有什么错误，就不要背叛自己；如果你不想演戏，就不要化妆，素面朝天就好。

我希望青年教师不要误会，我不是在提倡顽固和傲慢。周围的反映，只要确有道理，我们一定要吸收，否则你就封闭了，封闭的心灵是不会有进步的，但是要具体分析。有时候周围的议论质量很低，那你就不要为它们花费太多精力（但也可以做点适当的妥协），让他们说去，走自己的路就是了。

23. 把工作变成艺术

凡是艺术都有欣赏价值，都有娱乐性。那么我们是不是可以由此推论，某项工作对于工作者若没有欣赏价值和娱乐性，这项工作对于他就不是艺术，而只是工作？工作可以给人带来快乐。但是这个快乐如果只是“成果的快乐”(挣到工资,评了职称,受到上级嘉奖,得到学生拥戴),恐怕还不能说这工作是艺术,因为这些成果完全可能是咬紧牙关、揣着病假条“卖力气”得来的。只有教师的工作始终渗透着一种游戏的态度,好像在玩一项精致的游戏,我们才能说这位教师已经把工作艺术化了。你会发现,各行各业顶尖级的高手(真正的大师)差不多都是这样。工作与游戏,工作与生活,在他们那里已经合而为一了。

所以我很不赞成把工作妖魔化,好像一工作就得头悬梁锥刺股,好像一工作就得端起“奉献”的架子来,好像谁工作得轻松就是“没卖力气”。我至今还记得我当年教书的时候一位校长对我的评论,他说:“我看你工作只用了三分之一的精力。”我估计他就是看我没有显出如牛负重满头大汗的样子(这是老板们最乐于见到的)。我无言以对。其实那时候我已经知道我对教育的认识超过了这位顶头上司,而且事实上我在教育上真正花的心思比别人更多,教育是我生命的一部分,我几乎无时无刻不在思考教育。这是他们所不了解的,他们只会看表面。没有办法,我跟他们说不清楚。我相信现在也一定有不少真正热爱教育事业的优秀教师被领导认为“不卖力气”或“不务正业”,因为在这种领导的眼中只有皱着眉头没完没了傻干的人才是优秀的(劳模)。我写这些话,是为了声援那些被误解的好老师,而且希望此种领导有所反省。

生活是美好的,工作也是美好的。我们不要刻意把生活和工作描绘得过于严峻,吓唬老师,更不要一味把“游戏”看成贬义词。鲁迅说过“我不玩”,可是你看他的文章会发现,文字在他手里,不但是武器,而且是玩具。先生嬉笑怒骂皆成文章,信手拈来涉笔成趣,正是游戏高手。

24. 到哪里去找时间?

腾出更多的时间读书思考，从事真正的脑力劳动，这话好说不好做。首先就是个时间问题。中小学老师都很忙，几乎席不暇暖，几乎四脚朝天，能被动应付眼前的事情就不错了，哪还有时间提高自身素质?

其实时间是有的，老师们也都在自觉不自觉地抓紧时间。获得时间有两条路，一条是外部争夺，一条是内部挖潜。我感觉绝大部分教师习惯走第一条路，比如说提高素质，他就希望领导安排参加培训班，最好脱产；比如涉及学生时间分配，大家就争夺自习课，解着恨地多留自己这个学科的作业，争抢学生的课外时间。这条路导致不公平竞争，甚至已经造成了同事之间的矛盾，差不多已经走到尽头了。所以我们应该提倡走第二条路，提高效率，内部挖潜。举点例子：

(1) 你可以试试逐渐把讲课时间减少一半或三分之一。我觉得这不难做到。不信你可以把自己的课做些录音，事后听一听。你会发现里面有不少没必要的重复，还有题外话、车轱辘话、口头语，等等。把这些东西都去掉，你不但节约了时间，而且课也会变得眉目清爽，能减少学生的厌学情绪。减少了讲课时间，课堂上就可以抽出时间来做练习、看课外书、做游戏，整个学科的面貌就会发生变化。就是让学生聊天，也比听老师啰嗦强，因为师生都可以得到精神的放松。在保证质量的前提下，能不能压缩讲课时间是教师素质高低的重要标志。这是一种现代的效率观念。要极其吝啬地使用语言，“物以希为贵”，说话啰嗦不但影响教学效果，而且降低教师威信。我曾问过一些老师讲课为什么一遍又一遍，他们告诉我，多说几遍是生怕学生没听清。我想这是不正确的观念。事实上多数学生不需要这么做，少数学生多说几遍也没用，应该“换个方法说”，而且单跟他们说，不要让已经听明白的学生“陪绑”。

(2) 判作业。我主张死题可以让学生自己判或者互相判，只有那些学生判不了的题才需要教师来判。所有题老师都一道一道判下去，没必要。

(3) 个别谈话。这也是很费时间的。我主张教师列个表，把可能需要谈的事情都写出来，然后评估一下，哪些可以不谈，哪些可以让班干部跟他说，哪些估计谈了也没用，得暂时放一放，哪些属于需要认真准备的长谈，等等。心中有数，就可以少浪费很多时间。目前教师与学生的个别谈话往往是应激的、被动的，而且说来说去总是那些套话，自然浪费时间。

教师如果能把可以节约的时间都节约下来，就会发现，即使领导还像以前一样“强化管理”，你也显得比别人轻松。我劝你平时不妨喝一杯茶，发一会儿呆，脑子里不停地思考。如果学校允许，你也可以看几页书。不要小看这几页，长期坚持，效果就很可观。当年我曾经用看学生自习的时间读了好几百篇古文，现在回忆起来，在那种自习课上，我学到的东西比学生还多。

还有就是假期。寒暑假那么长，你休息之余，难道就不能用点时间读读书，想想事吗？人只要真想学习，总能找到时间，不需要加班加点开夜车，你就可以很从容地学到很多东西，而一旦提高了自身的学养和能力，以后工作会更轻松，时间会更充裕，这才叫做良性循环、可持续发展。

25. 小时候“已所不欲”，长大后“勿施于人”

有一句流行语：屁股决定脑袋。意思是说，人的地位决定他的思想。比如你坐在公共汽车上，就会觉得“已经够挤了，别上人了”；然而你要是等车的，就会想：“车上那么宽松，怎么就关门走了？”有些人当老师的时候，总是埋怨校长这个不好，那个不对，等他被提拔成主任，埋怨教师的话就多起来了，替领导说话就多起来了。这就可见，人是很难避免偏见的，你的屁股总要坐在一个地方，而这，就可能影响你的头脑和眼睛。做教师也是这个道理。不少老师小时候对他的老师意见大极了，然而等他当了老师，其表现可能还不如他的老师，甚至迅速变成了他自己小时候最讨厌的那种老师。

跳出这种轮回，需要有记性（不要“好了疮疤忘了疼”），需要换位思考能力。我上学的时候，对老师意见最大的是压堂和没收东西不还。中学时，我爱打乒乓球，学校只有几个案子。老师下课晚了，我就抢不到案子了，愤愤不平。我还爱上课偷偷看课外书，老师没收我没办法，但他不还我我可惨了，因为我的书有的是跟别人借的，说好了如期奉还，违约失了人品，下回人家不借你了。这两种情况对我刺激比较大，刻骨铭心，记得我当时就发誓，我若当了老师，一定不学他们的样子。后来没想到我真的当了老师（我本来的志向是做文学家），我就一直践行自己的誓言。我从不压堂，即使没讲完，我也停下来，下课。实在不行时，我会向学生提出请求：“我还有几句话，能不能说完呀？”学生当然总是宽宏大量地表示同意。至于上课没收东西，我是能不没收就不没收，实在屡教不改，只好收上来，放在讲台桌上，下课我一定让学生取走。有的学生忘了，不要了，我会提醒他“那是你的东西，我不要”。我这样做很得人心。但是我的初衷并不是做点“亲民”的姿态以收买人心，我是在还自己的良心债。愚以为，这可能属于比较真实的人文关怀。人同此心，心同此理。我不能因为当了老师就“变脸”了，我不允许屁股指挥自己的脑袋。青年教师做到这一点可能比较容易一些，因为离学生身份还不远，老教师就比较难了，弄不好已经官僚化了。官僚的主要特点之一就是失去了对下属的同情心。所以，老教师看到青年教师同情理解学生，往往会加以嘲笑，殊不知这正是青年教师的可贵之处，他们尚未麻木。

但是，我必须说明，理解学生，首先要分清是非。如果你当学生的时候对老师的要求属于无理要求，那么即使你当了老师，也不能允许学生这么做，不能无限制地宽容。现在有些专家提倡看问题的“学生视角”，这有必要，但是教师也不能处处站在学生的立场上考虑问题。教师常有理固然不对，学生总有理也不对。我们应该站在服从真理的立场看问题，具体问题具体分析。

26. 学生议论其他老师，是你学习的好机会

青年教师要进步，自然需要发扬优点，克服缺点。但是要清楚地了解自身的优缺点，其实很不容易，光看班级评比成绩和考试成绩是不够的，光听领导的评价也是不够的，最重要的是倾听学生的声音。可是学生的声音要直接听到也不容易，我们的学生不易对老师敞开心扉，尤其不愿意提意见。怎么办呢？我个人有一个经验，可供青年教师参考，那就是随时注意学生对其他老师怎么议论，从中汲取营养。

学生几乎没有不议论教师的，这和教师议论校长、老百姓议论官员是同一个道理。尤其是当学生发现你不爱传话，不爱搬弄是非，不会搞“官官相护”的时候，他们在你面前就会比较放松，于是你就可以得到很多通过其他途径得不到的有用信息。当我还是青年教师的时候，有一次偶然听一个同学说：“我喜欢张老师。”我很好奇，就问：“为什么？”学生回答：“张老师写字大，我看得清楚。”原来这学生近视，个子又高，座位不能太靠前。我心里一动，第二天上课板书就加大了字号，当时就能感觉出有的学生很高兴。当然，这只是一个细节，但是这种细节积累多了，你在学生心目中的形象就不一样了。在这个意义上，“细节决定成败”的说法有道理。

不过，学生谈得更多的，还是对其他教师的不满。遇到这种情况，我总是很认真地听。我常常吃惊地发现，那些事情我也做过，而且我是一片好心，万没想到学生会这样评论。这种时候，抱怨“好心没有好报”是没有意义的，需要做的是调整自己的做法。良好愿望未必产生良好效果，明白这一点，对青年教师特别重要。年轻人热情很高，就怕碰钉子，碰了钉子就可能走向另一个极端。多数年轻人有猛劲没有长劲，只有不断发现问题究竟出在了哪里，才能保持自己的热情。不怕失败，就怕败得糊里糊涂。

当然，学生对教师的有些议论可能是错误的，甚至是无礼的。这种情况，你可以适当做点工作，帮助解释一下，或者劝学生不要这样说话。但是要注意，不要给学生一种“老师向着老师”的感觉，否则以后当着你的面他们就什么也不说了，你就失去了这个信息渠道。更要注意的是，不可传话。如果被议论的老师是你的朋友而他比较虚心，学生的意见又确有道理，你可以委婉地转告他，否则就“哪儿说哪儿了”，只记在心上供自己参考就足够了。总之，倾听学生对其他教师的议论，根本目的是为了提高自己，而不是要挑别人的刺，更不是要窥探人家的隐私，所以这种事应被动地倾听，而不要主动打听。经验告诉我们，一位教师私下打听另一位教师的事情，学生会对他留下不良印象。

27. 好学生出身的老师，教育差生会遇到困难

我多次发现，跟差生顶牛顶得特别厉害的，甚至被差生施暴的，往往是优秀教师，而他们上学的时候，又多是听话的好学生、班干部。当然，我没有确切的统计数据，这只是一种初步的印象。但我思考过，感觉这是比较合乎逻辑的。好学生守纪律，说话办事中规中矩，拿老师的指示当圣旨……这是一种生存方式。一旦习惯了这样活着，就有可能以为别人也会这样生活，或者应该这样生活。所以这种学生一旦长大做了教师，他会很自然地以为他的学生都会像他当年那样上课，那样对待老师，起码是应该如此。一旦发现有些差生（问题生）言谈举止相差甚远，完全不是那么回事，他就会惊诧莫名：现在的学生怎么了？怎么可以这样？这种话也说得出口吗？这种事也做得出来？怎么脸皮这样厚？不可思议，匪夷所思，震惊，无奈，目瞪口呆。我在网上经常看到这类议论，我怀疑发这类议论的就是好学生出身的老师。他们以自己为尺度和标准衡量学生，当然想不通。

各位青年教师，如果你上学时是老老实实的好学生，我劝你千万别把这个世界想得太美。有许多学生想法与你相差甚远，即使他们的想法完全错误（其实未必全错），那也是一种客观存在。你先别生气，别震惊，才有可能静下心来研究他们，因势利导。要是满脑子“你不应该这样，你应该那样”，你就会“硬管”、“加压”。差

生久经考验，什么阵势没见过？你会碰钉子的。碰了钉子，你会出离愤怒，很可能做出不理智的事情，这就离出状况不远了，很危险。

上海有一位倡导“成功教育”的校长，差生出身，教育学生很有一套。有人评论道：“差生教育差生，效果惊人。”为什么？因为他是“过来人”，他了解差生的真实心理，知道他们的缺点和优点，所以工作能做到点子上。好学生出身的教师属于“另一个阶层”，对差生心态很隔膜，其工作就容易沦为隔靴搔痒。我劝各位好学生出身的好老师们深入差生，了解一下他们的爱和恨、他们的快乐和烦恼、他们的焦虑和苦衷。懂得了这些，才有可能对症下药。学点心理学可能也有用。而在这项基本功没有练好之前，我劝各位做差生的工作以一般管理和维持为主，不要急于求成，不要急于向纵深发展。情况不明，不可盲目进攻。

28. 用好奇心抵抗焦虑

看恐怖电影，听鬼故事，往往会有这样的体验：越看越害怕，越害怕还越想看。为什么？因为好奇。好奇和害怕都是人之常情，但有互相制约的功效，这很有趣。同样道理，好奇心、探索欲，也可以用来抵制愤怒焦虑等情绪，我向青年教师推荐此法。

当你对不顺心的事情采取好奇的、探究的态度时，火气就能立刻减少一大半。比如一个你一贯器重的学生忽然办了一件使你十分丢面子的事情，按通常的反应方式，你当然会非常生气。但如果你采取研究的态度，脑子里就会出现一系列问题：“他怎么会这样？是偶然的失误呢，还是我把他看错了？要是我看错了他，那是什么东西蒙住了我的眼睛呢？是我的认识水平问题，还是我作风不够民主，学生只好做假象给我看呢？”这样一想，你还会生气吗？你顾不得生气了，你正忙着思考问题。

所以有修养的人不只是脾气好，他们往往有一种本领，能把生气的材料，把不愉快的事件变成提高自身素质的契机。我建议青年教师逐渐养成此种习惯，学会这种思维方式。

当年我做中学教师的时候，见过这么一件事。一个学生总是抽烟，一次被班主任远远看见了。这个学生来不及把烟掐灭就赶快揣到兜里去。老师问他是否抽烟了，他坚称没有这回事，可是裤子口袋忽然“失火”了。他急忙把火扑灭，跟着老师上办公室去了。这位老师气得脸白了。我作为旁观者却在想，这个孩子为何烟瘾如此之大？他有几年烟龄了？要戒烟，有几成把握？那位当事老师如果脑子里也出现这样一些问题，我想他的脸不至于气成白纸一样吧？还有一次，在办公室，一个男生和班主任顶嘴，态度极其嚣张，把在场所有教师都惊呆了。那位班主任简直气疯了。我们赶紧救场，好说歹说，总算让双方停战了。当时我很奇怪，按我对这个孩子的了解，他不至于如此，今天怎么了？事后我悄悄问他怎么回事，他告诉我：“您没看见门外我有几个哥们儿在那儿偷听吗？我不能㞞！”原来如此。那位班主任如果当时留个心眼，看情况不对，就暂停“进攻”，想想这里面有没有其他文章，他就不会气成那样了，对问题解决也更有利。

用好奇心抵抗愤怒，用好奇心抵抗焦虑，用好奇心抵抗沮丧，这可能是一条挺有用的思路。

29. 青年教师要不要拜师?

有些青年教师喜欢拜老教师、名师为师傅，有的学校也鼓励这样做，还搞拜师仪式什么的。我个人对这种举动持消极态度，如果有青年教师来征求我对此事的意见，我就会回答：最好不要拜师，除非领导硬性规定，非拜师不可。

我来说说理由。做一对一的指导对青年教师其实是很好的，问题在于我们中国文化中的师徒关系过于紧密，有道是师徒如父子，形同捆绑。比如孔子和他的学生们，就俨然是一个帮派。有了这种关系，徒弟在各方面就被束缚住了，往往亦步亦趋地跟在师傅后面模仿，不敢越雷池一步，有了不同的意见（其实这很正常）也不敢轻易说出，生怕人家说自己对师傅不敬。因为我们的传统文化缺乏民主色彩，所以，只要你跟什么人的关系一“确定化”，大家就都失去了一部分（甚至大部分）自由和独立性。你看那些拜把兄弟的人——不求同年同月同日生，但愿同年同月同日死，连去世日期都捆在一起了。依我看这不属于先进文化。《三国演义》中如果没有桃园三结义，蜀国也许不至于败得那样惨。诸葛亮看得很清楚，刘备的兄弟情害得他无法理智地分析形势，可是诸葛亮毫无办法。愚以为青年教师最宝贵的思维品质是独立思考，没有这种品质就无法创新，可是拜师这种做法，或许至少在几代人之内，对青年教师的独立思考负面作用更大些，所以我不主张青年教师拜师。

不拜师不等于拒绝向其他教师学习，恰恰相反，正因为没有拜师，学习环境反而更广阔了，更自由了，可以博采众长。我曾经说过，少在人际关系方面花一些精力。你一拜师，人际关系的事情就多了，逢年过节要有个表示，平日要注意维护师傅的威信，哪位老师要是跟你师傅有过节，你就更难处了。总之你老得看师傅的脸色，这是很费神的。不拜师，这些都免了，你反而可以集中精力研究更多人的经验，学习他们的长处。

拜师是一种捷径。你有一个学校的台柱子或者市里省里的名师做师傅，也许水平提高得能快一点，有师傅提携，引人注目受人重视的机会可能会多一些。这都是实惠，所谓“近水楼台先得月”是也。但是得了实惠是要回报的，于是你就被捆住了，而你的真实水平，很可能这辈子也超不过师傅了，你在精神上可能就已经萎缩了。环顾教育界，到处都是小圈子、小团体，“近亲繁殖”现象严重，这正是我们的教育多年难有起色的组织原因——宗派主义。我相信真正有水平的教育者和教育家，会出现在这些圈子之外。

各位青年教师：你不进圈子，肯定要吃眼前亏。所以我的这个建议，你若是完全不听，可能反而顺风顺水。我的这个建议是说给愿意听的人的。人各有志，人各有路，有人喜欢抄近路，有人宁可绕远，这才是真实的世界。

30. 不要被网络“网”住

青年教师少有不上网的，网上生存无疑是青年教师生活的重要内容。上网目的多种多样，可以购物，可以交友，可以闲聊，可以发泄，可以助人，也可以求知。网上什么都有，现代人可以说都淹没在信息的海洋里。因为我们接触的信息非常之多，所以现代人，尤其是青少年，会“显得”比老一辈机灵，见多识广，说什么都能插上嘴。诸葛亮没用过冲锋枪，李白没玩过手机，秦始皇没坐过高铁，康熙没看过电视，于是我们就会觉得自己很高明，别人都“老土”。我希望青年教师不要这样想事情。人的智力不是指你脑子里装了多少零碎，而是指你的思维能力、分析问题解决问题的能力。在这方面，我们未必高于古人。古人接触信息较少，当然这对分析问题有不利的一面，但是也有有利的一面——干扰少，容易集中精力。如今信息爆炸，你要研究问题，到网上一搜索，动辄上万条，泥沙俱下，而且重复内容非常多，这就非常麻烦。古人可以“两耳不闻窗外事”，我们现在极难做到这一点，即使你宅在家里，也能通过网络与全世界联系。就思考来说，我们比古人更容易分散精力，更容易浮躁，我们的思维材料过于丰富了，思维环境反而更恶劣了。还甭说你脑子里容易塞进很多“垃圾信息”，即使你脑子里全都是有用之物，如果它们胡乱堆放，也就成了垃圾，你又舍不得丢掉，就更加有害。

所以我想，在信息社会，从思维角度说，适当的“闭关锁国”反而是必要的。自己给自己设立一个“海关”，检查信息的身份，评估其价值，严格限制信息流入。人的脑容量虽然惊人，那也不能乱往里装。面对信息，你还必须有自控能力、辨别能力、综合能力。自控能力指的是工作的时候注意力不要被娱乐信息牵走，辨别能力指的是能从海量信息中选择出自己所需要的东西，综合能力指的是能把收集到的大量信息进行梳理、整合。这些能力都非常重要，然而遗憾的是，这些能力的培养，在我们的中小学教育中几乎是盲点。甚至可以说，我们的中小学教育恰恰是在朝相反的方向培养学生。比如我们的纪律尽可能严格，这就非常不利于培养学生的自控能力；而学生所接触的信息，都是教师精心筛选过的，从来不给学生自己筛选的机会，学生删选信息的能力也就成了空白。所以，可以估计，青年教师有这样的教育基础，应对海量信息时手足无措的可能性不小，一头栽进去卷入漩涡的可能性也不小。

怎么办呢？我劝青年教师在业务进修的时候，多看书，少上网，把上网只作为辅助手段。看书干扰因素比较少，有助于集中注意力。如果你已经无法静下心来读专业书籍了，那是很不好的现象，你应该警醒。开始上网的时候，我劝你先多看，少发言，发言最好多质疑（而不是简单地接受），不要急于评论，更不要“抖机灵”。经验告诉我们，这样对提高专业素质好处更大些。

31. 怎样在网上发言？

这里说的网上发言，专指在教育专业网站上的发言，其内容是涉及教育教学问题或其大背景的。

我梳理了一下，教师在网上的发言大致有以下几种类型：

（1）求助型的。遇到一个问题，不知如何处理，向网友求助。

（2）支招型的。有人求助，给他支一招。

（3）读后感型的。看到网上一篇文章，引发了一些想法，说出来和大家讨论。

（4）表态型的。看到一篇文章，很赞同或者很不赞同，用一两句话表明自己的态度。

（5）论文型的。这是完整的文章，有论点、论据、论证过程。

（6）商榷型的。不赞成或者不满意某种观点，提出自己的意见与作者商榷。这种发言与表态型发言的区别是，有论点有论据，有一定篇幅。

（7）记叙文。记叙和描述自己的工作情况，其中分析论述很少，或者虽有议论并无新意。所谓的教师随笔，多是这种东西。

（8）抒情文。抒发自己生活工作中的喜怒哀乐。

(9) 抖机灵型的。这种发言的特点是态度轻薄，语带讥讽，但往往一言半语，有论点无论据，甚至连论点都没有，只是一种挑刺的态度。如果一贯这样只放冷箭而拿不出成篇的文章，就可以称之为“跟帖专业户”。

我希望青年教师在教育网站发言的时候，少写记叙文和抒情文，这种东西作为个人爱好可以，对提高专业素质意义不大，你还不如索性去创作文学作品。表态型的文字也是少点为好。我最反对的是抖机灵型的发言，青年人千万不要学这种油嘴滑舌，逞口舌之快，实际耽误的是自己。其他各种类型的发言，都是挺好的，不过我最希望青年教师经常练习写完整的论文或小论文，提出问题，分析问题，得出结论或拿出解决问题的方法。有论点，有论据，有论证过程，看得出作者的思维线索，这种文章最能锻炼思维能力。注意文章一定要有点新意。我希望青年教师在网上不要总是写那种三言两语的跟帖，不要总写微博式的文字。小花盆里长不出大树。没有一定的篇幅，你无法从各个侧面完整地分析一个问题，思路展不开，于是你的发言就如同聊天时的你一言我一语，东一榔头，西一棒子，没有主题，没有逻辑，没有思想，只有语言的碎片，这对训练思维能力非常不利。请注意，你发言了，不等于你思考了，更不等于你研究了。在这个浮躁的社会里，打着研究问题的旗号，发言踊跃而言不及义，热闹闹闹比赛陈词滥调是很常见的现象。我劝青年教师遇到此种热闹，不要往里掺和，以免花费宝贵光阴，学了个心浮气躁。

32. 警惕工作的“麦当劳化”

“麦当劳化”包括四个维度：(1) 有效性。经济发展是从一处到预先设置好的另一处。(2) 可计算性。数量超过质量。(3) 可预见性。确保全世界的产品都是相同的。(4) 可控制性。训练雇员“准确去做被交代的事情”。

有效性在社会中最有吸引力……从深层次看，有效性通常为商家利益所驱使，不是为顾客服务的。

可计算性是麦当劳式工作的第二个维度，它帮助测量有效性，并且现代计算机也成为计算的得力助手。以工作场所为例，以盈利为目的的医药公司限制医师们给每位病人看病的时间，要求每天看病人数最大化，因此，公司会减少成本，获得最大利润，医师们被迫把病人看做是美元，而不是病人。这是典型的要数量不要质量。公立学校的教师们也面临此难题，在这种形式下，学生的学习成绩是靠标准测验得出的。

可预见性“强调纪律、顺序、系统化、格式化、固定路线、连续性和方法的逻辑操作。”在工作场所，可预见性表明“不需努力，不需思想的重复性工作。”

麦当劳式的第四个维度是可控制性。在工作场所的可控制性表明，雇员必须遵循事先设计好的步骤去做，“人类的工作技巧、能力、知识都变成了非人性的条文法规和格式”。在可控制的条件下，工作不需要多少文化和能力水平。

麦当劳式工作文化带给雇员的负面影响是：有效地压制了创造性和创新精神。可计算性阻止他们把个人因素置于工作中，很难产生工作满意感。可预见性把工作变成一成不变的法规。可控制性非人性化工作压抑了雇员的工作本能动机。这些负面影响可部分地通过工作中逐渐发展起来的工作精神加以修正。

（Peterson N，Gonzalez R Z．职业咨询心理学 [M]．时勘，等，译．北京：中国轻工业出版社，2007：38－39．）

环顾周围，可以看到，我们中小学教师的工作，已经在相当程度上“麦当劳化”了。我们的“有效性”是急于出“业绩”；我们的“可计算性”是考试分数和各种评比考核的评分；我们的“可预见性”，正是强调纪律、规章、模式，不需要动什么脑筋；我们的“可控制性”更为突出，什么都弄得死死的，我们的工作确实“不需要多少文化和能力水平”。这种“麦当劳化”的工作方式，“有效地压制了创造性和创新精神”，确实“很难产生工作满意感”，反而成了产生职业倦怠的一个重要原因。

细想起来，麦当劳式工作的这四条，恰好是与教育规律唱对台戏的。首先，教育的有效性是很难在短时间看清楚的，教育不可能像麦当劳那样立竿见影地赚钱，想追求如此有效性，必须把教育变得不是教育才行。其次，教育的过程与成果，其主体部分（态度、情感、价值观、分析问题解决问题的能力、创新精神）恰好是“不可计算”、“没法计算”的，不能量化，只能进行质的评估。要追求“可计算”的效果，只好把教育成果中相对次要和表面化的东西（如考试分数、考勤情况、上课说话次数、作业完成次数等）提到首位，这势必扭曲了教育内容，导致形式主义和喧宾夺主。再其次，教育比起其他行业来，是最缺乏“可预见性”的，事实上哪个教育者也不敢保证学生未来一定会如何如何，除非他是神仙。教育本质上可预见性很低，你非要和这个本质作对，非要用各种软硬手段达到“预期成果”，就必然产生一种冲动，弄出一个死板的“流水线”来加工学生，以保证他们从“流水线”另一头出来时合乎预想的要求。最后一条，“可控制性”也是违反教育的本质的。教育的本质不是控制，因为控制稍一过火就可能有副作用，压抑学生发展。但是你会发现，校领导和教师对这一条最感兴趣，他们总想让一切都在自己的掌控之中，学校一贯的口号是“严格管理”，甚至还有什么“精细化管理”，唯恐控制“有微不至”，其结果自然是“有效地压制了创造性和创新精神”。这么一分析，你会吃惊地发现，没有对教育本质相当严重的群体性的错误认识，是不会把我们的学校（多数学校）搞成今天这个样子的，这简直就是“麦当劳”的教育版。这么说是耸人听闻吗？

有些人肯定会觉得我的说法牵强，学校管理怎么可能是跟麦当劳学的？是的，你很可能没有觉察这一点，但是以麦当劳为代表的管理模式却早就弥漫在中国大地上了，耳濡目染，潜移默化，就被教育行政部门和校长迁移到学校中来了。你可能从来没去吃过麦当劳，这并不妨碍你的思维方式麦当劳化；你可能一贯反对“崇洋媚外”，这也不妨碍你的实际行动像一个麦当劳雇员；你可能张口闭口子曰诗云，一副张扬国学的样子，这也不妨碍你实际上搞麦当劳式的管理（孔子可没这么做过）。总之，人们每天忙忙碌碌，其实并不知道自己在做什么。研究者的任务是把这种事情说穿，催人觉醒。我们当然要学习外国先进的东西，但是一定要认真辨别它是否真的先进，这种先进适用于什么范围。麦当劳这四条，用在公司和工厂，可能确有先进之处，而用在学校，就不是先进文化了。

青年教师看到这里，可能会问我：到处都是这种情况，我们怎么办？如果你赞成我的上述说法，我劝你也不要轻易在领导面前说，以免碰壁。你自己好好研究一下教育究竟是怎么回事，在自己影响所及之处，对麦当劳式的管理做有分寸的悄悄的修正就行了。大局面不是一下子能变得了的，需要长时间的努力，需要促进和等待整个社会认识水平的提高。

33. 你脑子里有分析问题、解决问题的“软件”吗?

在问题解决的过程中还有一个难点，就是有些学生缺乏一种用来分析问题并处理其中各种元素的概念结构。教学生思考，包括让他们使用基本概念和体系，观察正在思考的现象，这样他们就形成了一种分析和解决问题的心理机制。

（Tyler R W. 课程与教学的基本原理 [M]. 罗康，张阅，译. 北京：中国轻工业出版社，2008：62.）

这种心理机制非常重要。我把它比喻成一个“软件”。脑子里没有这样的“软件”，人就没有分析问题解决问题的能力，于是他就只能做一个“执行者”，就是说，眼巴巴等着别人把问题分析完了，提出了对策，告诉他，他去照着做。目前多数教师的情况就是如此。教师提问，张口就是“怎么办”，说明他已经自觉地把自己定位为执行者。为什么会这样？最大的可能性是，他脑子里没有分析问题解决问题的软件，他的头脑也在相当程度上失去了分析问题和解决问题的功能。用我的习惯语言来说就是——脑子锈住了。

那么，分析问题和解决问题的心理机制，这个软件，是由哪些模块组成的呢?

我的看法是：

(1) 首先要有分析问题（探究）的欲望。不要小看这一条。多数老师几乎已经失去了这种欲望。他们看见问题就管，很少想知道“事情为什么会这样”，或者他们主观简单地做个习惯性归因（比如“他根本就是想捣乱”），就开始行动了。探究欲是分析问题解决问题的起点、前提和动力，没有这一条，脑子无法启动，就什么都谈不到了。这一关很难过，因为很多人已经形成了“遇事坚决不去深入探究原因”的思维习惯，也就是说，他脑子里没有“探究”软件，却有“不探究”软件，更换这个软件是长期艰巨的工作。

(2) 要有敏锐的观察能力和信息筛选能力。我看到听到的，到底哪些是重要的，哪些是不重要的，哪些是冗余的，哪些是虚假的，各种信息之间有什么内在联系，需要筛选和判断。脑子里没有这个程序也不行。我看教师写的“随笔”，中间往往有大量的次要信息甚至废话，而最需要掌握的信息他却没注意。这显然不行。

(3) 要具备一定的基础知识。比如学生上课不注意听讲，可能有多少种原因，这是基础的专业知识，是每个教师都应该知道的。如果没有这些知识，思路很难展开，也就提不出假设了。

(4) 要能提出假设。这是分析问题的必要步骤。假设出几种可能，才好进一步分析。如果上来就有个“标准答案”，那就没必要再分析了。

(5) 推理验证能力。根据事实，对所作假设一个个进行推理和验证，最后初步确定哪个结论接近正确。

(6) 然后就可以提出对策了，即所谓对症下药。

前面属于分析问题，最后一条是解决问题。

以上就是分析问题解决问题“软件”的几个常用“模块”。

泰勒说的是学生，为什么我这里说老师呢？因为现在不会思考的教师正是当年不会思考的学生变来的，而且，身为教师脑子里若没有这种软件，他怎么能教会学生？教师当然没有办法把自己头脑中不存在的知识（广义）奉献给学生。

34. 多问为什么，少问怎么办

我说过，老师们向我提出的问题，90% 以上问的都是“怎么办”，很少有问“为什么”的，这种情况很可怕。这说明多数教师已经习惯性地把自己定位成执行者和操作者了（像护士而不像医生）。这种思维定势首先来源于我们从小受到的灌输式的教育，这种教育最不喜欢的就是学生问“为什么”；其次来源于学校过分强势的行政管理，我们的教育行政人员实际上是把教师单纯当成下属来领导的，我怎么说你怎么做就是了，这种管理最不喜欢的也是问“为什么”。久而久之，我们就失去质疑能力了，我们想的只是“怎么去做”，提问也就只会这个问法了。可是客观世界常常让我们碰钉子，有许多困惑，而我们既然已经不习惯用质疑和探究的方式回应这些困惑了，就只好用牢骚、埋怨来释放心理能量。所以，越是缺乏质疑和探究风气的地方，越是盛行牢骚。

我劝青年教师少发牢骚，多思考，多问为什么。现在的学生越来越复杂，你要是不去探究他问题的根源和性质，很难找到对策。同样是上课不注意听讲，原因就五花八门，你只有经过诊断才能对症下药。以前的学生，我不管你什么原因，反正你不注意听讲，我就采用老套的管理模式，批评你，让你写保证书，通知你的家长，问题往往也就“解决”了。如今这样做常常不能解决问题，于是“诊断”就提到日程上来了。所谓诊断，就是探究其原因。我不是说每件事、每个学生都需要诊断，那个工作量是教师无法承受的。我是说，如果你碰到一个学生，用一般套路解决不了，就先别问“怎么办”了，要问他“为什么会这样”，才有希望解决他的问题。

有些突发事件是来不及探究原因的，这时候当然首当其冲的是“怎么办”。青年教师要准备一些预案，以便及时把突发事件平息下来。但是，凡属突发事件，息事宁人都只是初步工作，重点在后面。事后要研究为什么会出这种事，矛盾是怎么积累到今日的，矛盾爆发的导火索是什么，以便今后预防。只问“怎么办”是短期行为，追问“为什么”才能可持续发展。别人告诉你“怎么办”提高不了你的专业素质，自己学会探究，才是真本领。“怎么办”是“鱼”，“为什么”才是“渔”。

有些教师可能会问，我都把事情办成功了，还用追问“为什么”吗？更得问了。这个问题，我们后面还要谈。

有的老师说，我已经知道为什么了，没有用处啊！比如我认定某学生爱打架是因为他生长在单亲家庭，这有什么用？你并未真正搞清“为什么”。单亲家庭的孩子那么多，为什么别的孩子不打架？这样问下去，你才可能找到“这一个”学生犯错误的独特原因，这才叫诊断。

诊断其实就是研究，诊断能力当然不是一时半会能提高的。但是青年教师如果养成刨根问底的探究习惯，假以时日，肯定会越来越聪明，而且你会发现工作越来越轻松。学校里如果有志同道合者，几个人经常凑一块探讨争论，提高更快。但如果周围并无此种气氛，大家只相信某些传统的或流行的套路、一些自动化的动作，或者只习惯“领导怎么说我怎么做”，那你最好悄悄研究或上网与人讨论，而不要张扬，以免招来误解，增加自己的麻烦。

35. 努力确认因果关系

我们差不多都有类似的经验：听名师介绍经验，很是激动，而且学了一些招数，兴致勃勃拿来用在自己的班，效果很不理想，甚至根本不灵。这是怎么回事？一般的解释是——具体情况不同，照搬是不行的。这种解释有一定的道理，但是我想，或有其他原因。名师的做法与他的成果很可能并没有确定的因果关系，他总结的原因可能只是一个标签而已。

比如某名师介绍说，他有个学生表现如何如何不好（这方面的叙述一般都具体生动），然后教师就给予百倍的师爱，然后这个孩子就进步了。给人的感觉，爱是这个学生转变的关键。真的是这样吗？不一定。这个孩子即使真的进步了，促使他进步的真正原因也不一定是我们通常认为的那样。我就曾经问过一个这样的孩子，他告诉我，给他触动最大的并不是老师的爱，而是已经退学的一个好朋友说的一席悔恨的话。这就告诉我们，教育行为无论成功失败，其原因都可能很复杂，教师如果只是主观地简单化认定，那可能一点都不科学，别人照你说的办，自然无法得到希望的结果。所以我们总结经验的时候，务必十分谨慎，多加质疑和论证，尽可能使得出的结论经得起他人的检验，以免被说成是大忽悠。教育界有许多事实上的大忽悠，并非本人道德品质有问题，他们很可能是大好人。他们的问题在于缺乏科学的思维方式，这样，即使他们满心真诚，也可能在事实上忽悠了别人。教育如此，教学也是如此，某个学生成绩进步或退步了，决不能简单地归结为重视不重视，努力不努力，是否注意听讲这样单项的原因，要很细致地分析才能确定其间的因果关系。我是语文教师。学生作文写得好，我从来不敢说那是我教得好。这一点都不是谦虚，这是科学态度。除非学生本人拿出实例证明他的写作在何处得益于我的教学，否则我就不能往自己脸上乱贴金。语言这东西，不上语文课也照样能学好。

教育不是自然科学，教育即使算是科学，也是最软的科学，教育行为与结果之间的因果关系是最难确定的。正因为如此，教育界才会盛产大忽悠（亩产量很高）。也正因为如此，我才寄希望于青年教师，希望你们在教育的科学性方面前进一步，希望你们中少一点大忽悠、中忽悠、小忽悠。世界上怕就怕认真二字，希望你们在教育教学行为及其结果的因果关系上，认真一点，多点怀疑，多点论证，把本来难以科学的教育尽量推得离科学近一点。这叫做“知难而进”，中国需要这样的教育者。

我可以提出点思路供青年教师参考。要确定事情的因果关系，可以扩大研究面，用研究术语来说就是增加“样本”。比如我把想研究的一种教育方式或教学方法用在几十上百个学生身上，大多数得到了同类结果，那我就可以说，这之间可能有因果关系。还有一个办法是控制条件。比如我打算研究“背后表扬”的作用，我就选择10个学生进行背后表扬，再选择另外10个情况类似的学生进行当面表扬，经过一段时间，加以比较，就可以知道哪种方法效果更好，这样总结出来的经验，准确性就稍高一些。第三个办法是询问本人。某个学生进步了，我可以假设多种原因，让他自己说一说，哪个对，哪个不对，哪个最重要，哪个次要。这也很有参考价值。千万不可自己一拍脑门就把因果关系认定了，那绝对是反科学的。

36. 思路的横向展开

教育活动，思维缺席，造成这种情况不只是因为教师把自己定位成了操作者，不只是因为教师失去了（或者根本就没有养成）思考的习惯，还有一个重要原因：缺乏思维能力，不知道往哪儿想，思路展不开，无法启动头脑这部超级计算机。就好像人被施了定身魔法，心里想走，动弹不得。比如说某教师遇到了一个问题，你告诉他，应该分析研究，应该思考，应该多问“为什么”，他完全同意，然而还是茫然：“怎么思考呀？”这种情况我遇到过多次。所以，我们有必要讨论一下，遇事如何展开思路，如何启动思维。

我一条一条说，先说思路的横向展开。

比如你的班级很沉闷，学生上课不爱发言。你很着急，想研究这个问题，加以解决。从哪儿想起？你可以横向询问一下各科教师对你这个班的反映。如果老师们都说你的班级确实死板，那是一回事；如果有的老师说他没感觉这个班死板，那是另一回事；如果理科老师都说这个班死板而文科老师不这么认为，那是又一回事。你还可以观察一下，这个班学生课间是否沉闷。如果他们下课也很蔫，那是一回事；如果他们下课很欢实，那是另一回事。这样横向一展开，你的脑筋就动起来了。

再比如有个问题生课上喜欢接下茬，招致教师不满。你想找到原因，加以解决。你会怎么思考？你可以调查一下，他是不是在每门课都接下茬。如果每门都如此，那这个孩子可能有非常强的表现欲或是心理问题；如果只在某门课上如此，那就是另一样了，或许会涉及师生关系问题。还有，你可以调查一下这个孩子在日常生活中的表现。如果他平时就油嘴滑舌或者絮絮不止，那是一回事；如果他平日话并不多，那是另一回事。你的思路这样横向一展开，你的头脑就“开放搞活”了，你不但有了思考的路子，而且可以找到继续思考的材料。研究，就这样开始了。

37. 思路的纵向展开

横向展开是空间的展开，纵向展开是在时间上展开，主要是回顾历史。了解一个人的过去，就可以知道他的现在；了解一个人的过去和现在，就可以知道他的未来。

我们继续以上面的两个例子来谈。

你的班级很沉闷，学生上课不爱发言。你很着急，想研究这个问题并加以解决。从哪儿开始？你可以纵向展开思路，调查一下这个班上学期、去年、前年是否如此。如果原来也是这样，那可能本班班风就是如此，这种情况要加以改变是很困难的，不如适应它。如果班级原来并不如此，则可以到学生中调查一下，为什么现在变成这样了。搞清楚情况，再拿出对策。如果这是一个新生班，该怎么办呢？那当然没有办法调查其历史了，但是可以用问卷形式进行个人调查，问学生你过去在班里是否爱发言，你们过去的班是否沉闷。如果多数学生声称他们原来就不爱发言，那么新班级很可能会形成比较沉闷的班风，班主任就不要对改变这一点期望值太高；如果事情并非如此，那么很可能是新到一个学校，学生还没放开。这种情况教师做点工作，甚至等一等，情况也许就会改观。

有个问题生课上喜欢接下茬，招致教师不满。你想找到其原因，加以解决。你怎么思考？也可以进行纵向思考，向本人询问，或者找熟悉他的教师、同学打听。如果这个学生向来如此，那可能是他的个性，这很难改变，想办法让他收敛一些就是了；如果他原来没这毛病，那就要查清他是什么时候开始变的。这可能与师生关系有关，也可能与学生之间的关系有关（例如他是表现给某些人看的），需要进一步调查。搞清情况，再出手干预。

总之一个班级也好，一个学生也好（乃至一个民族一个国家），其现在必定是其过去之合乎逻辑的发展，孤立地看其眼前的表现，你可能百思不得其解，看看其历史，你可能就什么都明白了。明白了之后你才能把工作做到点子上。这种思路，往大了说，就是所谓“历史感”。没有历史感的分析，很难不浅薄。

38. 思路的假说式展开

遇到一件事，想知其所以然，有时也可以不从分析入手，而直接作假设（就是科研上的所谓“假说”），然后进行验证。

我们还谈上面的两个例子。

你的班级很沉闷，学生上课不爱发言。你很着急，想研究这个问题并加以解决。从哪儿开始？你可以直接假设形成这种状况可能的几种原因，比如：①多数学生性格如此；②学生想说但胆小；③教师不民主，学生答错了遭到教师嘲笑，索兴不发言了；④学生普遍成绩不好，失去了信心，没心思发言，等等。然后进行验证。一般先用排除法，比如事实上任课教师作风很民主，那么第③条可以排除；该班学生成绩在年级中居中等水平，那么第④条可以排除；多数学生课下比较健谈，那么第①条可以考虑排除。剩下的只有第②条了，这个可能性比较大。教师就可以进一步到学生中去调查，是不是上课想发言而怕说错或者紧张，然后加以解决。如果发现不是这么回事，那可能这几种假设都错了，需要再作新的假设，或者有些假设排除错了，要重新审视。

有个问题生课上喜欢接下茬，招致教师不满。你想找到其原因，加以解决。你怎么思考？可以直接作假设。比如：①表现欲；②早恋症状。出风头给异性看；③聪明外溢；④有意捣乱。然后进行推理验证。如果是表现欲，那一般应该一贯如此，如果以前他不这样，那就可以排除；如果是早恋症状，他接下茬时应该眼睛往他心仪的那个异性那边瞟，这是稍加留心就能看出来的，若无此种表情，这一条也可以考虑排除；如果是思维敏捷聪明外溢，那当然不会只表现在接下茬方面，是很容易鉴别的；有意捣乱会有敌意，这是可以从他和其他同学的表情看出来的。

总之，做了假设，下一步你就必须验证，就启动了思维，等于发动机点了火。有些老师问：我怎么假设不出来呀？我就想不出那么多原因，您是怎么想出来的？这就靠经验和学习了，要积累。青年教师经验较少，可以从书本上借鉴一些。开始遇到一件事，可能你只能做出一两种假设，以后越来想法越多，就证明你的专业水平提高了。这类假设，我劝青年教师不妨记录下来。今年的假设，明年遇到同类问题可以参考，有新的假设可以补充进去，逐渐形成个人的专业知识体系，那你就厉害了。

39. 思路的分解式展开

前面说的几种展开思路的方法都是向外展开，这里说的展开思路方式是向内挖掘，在事情内部把思路展开。

我们还是谈前面的两个例子。

你的班级很沉闷，学生上课不爱发言。你很着急，想研究这个问题并加以解决。从哪儿开始？你可以用口头询问或问卷的方式进行细致的调查，了解一下这个班的学生对上课发言有几类反应，每一类各有多少人。掌握详细情况之后，办法可能就有了。

有个问题生课上喜欢接下茬，招致教师不满。你想找到其原因，加以解决。你怎么思考？可以用分解式的办法展开思路。比如，记录一下他一周内接下茬的所有案例，然后加以分解，就可知道他最喜欢什么时候接下茬，哪些时间段是他接下茬的高峰和低谷，哪些课是他接下茬的“重灾区”，于是你的对策也就有了针对性。比如这个学生总是在教师讲简单问题的时候逞能接下茬，成了规律，那么教师就可以在讲到一些比较难的问题时，估计他不敢接下茬的时候，“主动出击”，不用等你接下茬，我来提问你，给你表现自我的机会。其结果是给他话茬他接不上，比较难堪，估计下次他接下茬的气焰就会有所收敛，教师则完全可以不动声色。

昨天恰好一位老师发帖谈到了这种分解式的展开思路方法，请看我们的对话：

Coolcatcafe（K12班风小论坛，发表于2011-09-09 21:43）

这个学期，我教初一一个班的英语。这个班42个学生，课堂气氛比较沉闷。其他老师也是这么反映，可见本性如此了。上课问很简单的题目也没人回答，就比如我说：别人问你Good morning，你会怎么应答？都没人回答。最多是三、五个学生回答。于是，我就做了个调查。本性不爱作声的学生（16个），没注意听老师问题的学生（6个），太简单不想回答的（6个），不知道答案的（6个）。我又调查本性不爱作声的学生中，知道答案而不回答的（6个），那就是还有10个是不知道答案的，这么一加起来，就有16个不知道答案，还有10个不听课。这么看，这样的课很没有效果了。

关键是我怎么适应这些学生。有时我都无法确定他们是否在听讲，他们的眼神也呆呆的。也不知他们是懂还是不懂。一个人唱戏，感觉真不好。如何设计教案？怎样的教学方法适合他们？他们是喜欢自己学的时间多一些，还是老师讲的时间多？还得去学生中调查才知道。

（摘自：K12中国中小学教育教学网）

Coolcatcafe老师：

我很赞成您这种调查研究的工作作风，这是一种科学态度。调查研究的结果或许令人不快，但是它可以使人清醒。知道了学生的真实情况，讲课就更有针对性，可以节约很多精力，可以少生很多闲气。我注意到您的调查结果只涉及34人，其他那8个人怎么回事，建议了解一下。调查研究不是一次可以完成的，要经常调查。

英语教学我是外行，但我可以出点思路供您参考。如果您班的情况确实如您调查的这样，那么可以考虑搞分层教学，甚至像复式班那样的教学。把学生分成高中低三类。当您给中等学生讲课时(比如10分钟)，可以给优秀生和听不懂的学生另安排事情做，他们不必听课。同样，您给差生补课，可能从字母开始，这种内容其他同学也可以不听。给优秀生讲的内容就可以深一些，不必迁就和等待其他学生，他们也可以不听。作业当然也要分层，这种情况下留同样的作业完全是形式主义。

但是您这样做，有的领导可能不理解。这种领导，只有一刀切他才放心。您把调查报告给他们看，事实胜于雄辩，也许可以说服他们。以上意见，仅供参考。

王晓春

2011年9月10日

Coolcatcafe（K12班风小论坛，发表于2011-09-11 10:29）

王老师：

还有8个是偶尔回答问题的。我之前跟学生说过了。我说如果这些知识你都懂，可以不听，可以做英语练习或你自己的资料什么的。有个别学生就这么做了，但更多的好像还不习惯，还是跟着听，跟着学。我讲的知识更多是针对差生，他们反倒是越不会，越不跟着学。这就得考虑其他问题了。也许是他们学习动机不强，也许不感兴趣，也许是觉得难学，也许是学习习惯没养成，不知如何听课。总之还要找他们单独了解不学的原因。还有个问题，我如何评估那些优秀生的学习呢？比如一节课下来，我讲的知识，他们自认为知道了，不用听了，做练习了，可我不能判断他们到底会不会。我要是全信他们，撒手不管，肯定是不行的。我是不是把他们所写的与这节课有关的资料拿来检查，判断他们是否真懂？还有可能要针对他们的不同程度选择一些与课堂同行的资料来做，或者一些拓展资料来做。

学校虽然有规定按步骤教学案上课。但是平时上课它管不了那么多的。它管的只是最后学生的考试成绩。我只要在上公开课时按学校规定去做就行了。我要的是我上课学生学得会、学得多、学得轻松，各有发展。

（摘自：K12中国中小学教育教学网）

Coolcatcafe 老师：

您的思考越来越深入了。您说的这种情况是完全可以理解的，因为我们的学生是在一刀切的学习环境中长大的，他们习惯于在一个教室里，不管听得懂听不懂，都听同一个老师讲同样的内容，然后去做同样的作业。早就掌握了相关知识的学生（优秀生）也不敢不听，否则就不放心；完全听不懂的学生也必须装模作样听下去，也就是说，滥竽充数在这种教学管理方式下不但是合法的，而且是必须的，不然无法维持表面的“课堂纪律”。分层教学不是那么好搞的。分层教学要求学生有自我评价能力，能比较准确地知道自己的知识掌握情况，因而能决定哪些内容我要听，哪些内容我可以不听；同时还要有抗干扰能力，能在周围有其他声音的情况下专心干自己的事情；还要有计划能力，能独立安排自己的学习进度。这种自主性，自觉性，独立思考能力，学生有吗？很少。所以，教师若突然搞分层教学，难免遇到各种尴尬，你千万不要幻想事情会顺利。学生缺乏分层教学必备的素质。这不是个简单的方法转换问题，实际上是一种生存方式的变化。所以我劝您充分认识此事的复杂性，迈小步，逐步推进，多做基础性工作，不要只做表面功夫。教学改革很难。不改革虽然也难受，但是省脑筋，而且少担风险。这也是教育改革步履维艰的一个重要原因。

王晓春

2011年9月12日

40. 思路在反例中展开

这种思路展开方式也是向内的，就是说，如果你发现某个班级、某个学生有某种特点，总是如此，那你可以仔细寻找一下它（他）有没有“不这样”的时候，寻找反例。这非常重要。反例有时甚至可以推翻“常例”，证明反例倒是本质，而常例只是表面现象。比如有的学生在学校逢人就说学习无用，上课一副懒散的样子，可是教师偶然发现他在家学习很刻苦。这是很有心计的学生，他的在校表现是烟雾弹，一种竞争手段，我们可以通过反例发现之。反例在多数情况下也许不会让我们改变对人和事物的基本看法，但却可以给解决问题提供很好的线索，这也很重要。比如一个学生明显地干什么事情都注意力不集中，教师不满足于这个“定论”，而是寻找反例，结果发现他画画的时候注意力能集中很长时间，几乎判若两人。这说明此人可能空间思维比较发达，可以考虑把他学习困难的科目尽可能变成图画（这是可能的），如此他就可能提高注意力水平，提高成绩。正是反例给我们提供了这个线索。

你的班级很沉闷，学生上课不爱发言。你很着急，想研究这个问题并加以解决。从哪儿开始？你也可以寻找反例。估计一定会有某些课堂，气氛比较活跃，学生发言相对踊跃，你要仔细研究一下为什么会这样。这些课堂的时间、地点、人物、教学内容、教学情境与其他课有什么不同。这往往可以给今后的改进措施指明方向。

有个问题生课上喜欢接下茬，招致教师不满。你想找到其原因，加以解决。你怎么思考？你也可以寻找反例。他一定会在某些课堂上不接下茬或很少接下茬，仔细研究一下为什么会这样，这些课堂的时间、地点、人物、教学内容、教学情境有什么特点，这往往也可以给今后对他的引导指明方向。

反例在理论研究中也很重要。比如关于“没有教不好的学生，只有不会教的老师”这个结论，如果你有寻找反例的习惯，马上就会发现反例众多，你就无法不怀疑这个结论的科学性。事实上几乎所有的教育“规律”都很容易找到反例，所以我们可以说，教育规律都是比较“软”的规律，不是那种“铁的定律”。这样，人们再讨论教育的时候，就可以多一份谦逊和淡定，少一些“真理在手”的武断和“事与愿违”的焦虑。

以上谈了五种思路展开方式（横向展开，纵向展开，假说式展开，分解式展开，反例式展开）。要说明的是，还有其他方式，这些方式并非全部，而且这几种方式也不在一个平面上，它们之间有交叉。各位青年教师要依据具体情况加以选择，灵活运用。

41. 定义和分类是科学的标志

科学的重要特点是清晰，而“非科学”的重要特点是模糊。所以，你在哪里看到确切的定义，严格的界定和条理清楚层次分明的分类，你就会在哪里看到科学；反之，哪里云山雾罩，哪里囫囵一片，哪里模棱两可，哪里就缺少科学。确如杜威所说“定义和分类是科学的标志”。

多年来，我们的班主任工作一直缺乏科学性（当然，并不缺乏“科学”标签），其重要特征就是什么都很模糊，我们基本上是靠经验思维而不是科学思维支撑工作的。班主任的角色要求缺乏分类研究，班主任影响学生的手段缺乏分类研究。班主任的分类，班级的分类，问题生的分类，这些都做得很不够。于是引导班主任工作的，就只剩下了最笼统模糊的口号，什么“师德”呀，“师爱”呀，“严格要求”呀，“赏识”呀，东吹一阵风，西吹一阵风。这样班主任工作是永远无法走向科学的。它缺乏科学的起码标志——定义和分类。

语文教学也是如此。据我看语文教学是所有学科中最缺乏科学性的。当然，有些人并不承认语文教学是科学或者需要科学，这种人另说。多数语文教师还是承认语文教学是科学或者需要科学的。那么，语文教学的科学性标志在哪里？定义在哪里？分类在哪里？我们见到的几乎都是笼统的模糊不清的东西。什么叫“人文性”？搞不清。“人文性”是个筐，什么都能往里装。什么是“工具性”？其实也说不清。所谓的“工具”指的是语言、语文知识，还是语言能力？做什么用的工具，思维还是交际？没说清。最玄妙的提法要属“人文性与工具性的统一”了，越想越想不明白，怎么个“统”法？“统”成什么样子算合格？无人站出来说个明白。其实细想，这种提法不过是“文道结合”的现代版而已，没什么新意。

语文课这类云山雾罩的东西太多了。“生命语文”，“诗意语文”，“艺术语文”，“精神语文”，“民主语文”，“环保语文”，“形式语文”……总之语文几乎可以和谁都“统一”在一起，似乎很风光，其实是像“傍大款”一样靠上别人，缺乏自己的独立性。为什么？因为它没有自己的科学体系，没有自己的定义和分类。

科学当然不止于定义和分类，但是一种知识若连定义和分类都没有，恐怕它还只是在科学的门外徘徊。我承认模糊有模糊的美，模糊有模糊的价值，但它不是科学。

42. 没有推论就没有思维

杜威说，没有推论就没有思维。我们可以由此推出，名副其实的“思维”中必须有推论，必须含有“从已知到未知的飞跃”。也就是说（我的理解，这也是一种推论），名副其实的思维必须在人的头脑中“生产”出“原来没有的东西”，否则，即使表面看起来你在动脑筋，你也并没有思维，或者说得客气点，那不是真正的思维，不是生产性的思维。

如果上述推论是有道理的，那我们恐怕就得承认，目前我们学校教育中的很多训练，思维含量太低了。试举语文课的例子如下：

（1）表态性的问题。教师问：“对不对？”学生答：“对！”这种问答毫无思维含量。

(2) 查找性问题。教师提出一个问题，书中有答案，然后学生把有关句子找出来。这种问题多数没有什么思维含量，只对训练学生注意力有点好处。

(3) 记叙性问题。比如让学生叙述自己经历的一件事，其中没有任何推论，只是把事情从头到尾讲一遍。讲完之后你会发现，他的脑袋里并没有“生产”出什么新东西。

(4) 展示性问题。如比赛谁知道的成语多。学生争先恐后地从自己的头脑中提取储存的成语，然而整个过程并不需要推论，也就是不需要思考，所以这里没有什么思维。曾有一次我到大连去观摩一个名牌小学的公开课，整个课堂都是学生展示个人抄来的名言警句，举手如林，发言如炒豆，而且你争我抢，一个人尚未坐下另一个人已经站起来。主讲教师却显出极为满意的样子。我对这些孩子非常同情，他们成了发言机器，完全没有思考。后来我到另一个班去看，那里正在搞“成语接龙”，也是一派争先恐后的景象，热闹非常。我黯然而退，感慨不已。

(5) 联想性问题。比如课文写一个残疾人奋斗成功的故事，教师就让学生联想自己曾见过的残疾人，学生说了一个又一个，贴上一两句大家熟知的道德标签，教师就说这是“拓展”。这里面若没有推论，也就没有什么思维含量。

为了避免误会，我得说明，上述各类问题并不是没有任何教育作用，我只是说，在智育的核心问题——思维能力的培养上，它们作用甚微。这是在打“外围战”，甚至是搞形式主义。这类训练的基本缺点是，学生事后脑子里没有“生产”出任何新东西，没有杜威所说的“飞跃”，一切如旧，重复自我。我把这类思维（如果勉强把它们算作思维的话）称为“非生产性思维”。

于是你就明白为什么学生的阅读分析能力和写作能力长期处于

低水平了，在凡是需要“飞跃”的地方，他们都飞不过去，甚至飞不起来，因为老师并没有着重训练他们这种思维习惯和思维方式。

43. 监控自己的思维过程

例4:“我的早期记忆都是姐姐带我去各种聚会和社交场合。我出生时，姐姐快18岁了。”这个女孩记得自己是社会的一部分。从这个记忆中，我们也许能发现她的合作程度比别人高。比她大18岁的姐姐，对她来说肯定就要像妈妈一样，是家里最宠她的人；但她似乎用了一种聪明的方式扩展了这个小孩的兴趣。

“因为在我出生前，姐姐是家里5个孩子中的唯一女孩，她自然喜欢拿我到处炫耀。”这看起来没有我们想象得那么好。如果一个女孩被“炫耀”，她感兴趣的可能只是得到社会的欣赏，而不是为社会做出贡献。“因此，在我还很小的时候，她就带我到处跑。对于这些聚会，我只记得一件事——姐姐不断强迫我说诸如告诉这位女士你的名字之类的话。”这是一种错误的教育方法——我们对于发现这个女孩口吃或者有言语困难就不会感到吃惊了。如果小孩口吃，通常是因为别人太注意他的讲话。他不会轻松自然地与人交谈。他学会了要自觉，要得到称赞。

“我还记得，我如哑口不语，回家后肯定要挨训，这样我就变得讨厌外出，讨厌与人交往。”我们的解析应彻底修改了。我们现在可以看出隐藏在她的最初记忆后的意义是：“别人带我与人接触，但我发现这很不令人愉快。由于这些经历，我从此就讨厌与这类人合作和交往。”因此，我们可以料定，即使是现在，她还是讨厌与人交往。我们能够发现，与别人在一起时，她会局促不安，过于注重自己的形象，她认为自己应当表现出众，觉得这种要求太沉重。在与其他人相处时，她已经失去了一种轻松感，一种平等感。

（阿尔弗雷德·阿德勒．生命对你意味着什么［M］．周朗，译．北京：国际文化出版公司，2000：61．）

这是一个完整的案例分析，作者是分三个自然段叙述的。我们来跟踪一下作者的思路，看看他开始的想法如何，后来的想法有没有变化，最后的结论是什么。

第一段，刚刚听到病人叙述自己的早期记忆（“我的早期记忆都是姐姐带我去各种聚会和社交场合。我出生时，姐姐快18岁了”）的时候，作者的分析结论是比较正面的。作者推测，此人“合作程度比别人高”，而且称赞病人的姐姐扩大妹妹兴趣的方式是“聪明”的。

第二段，病人继续叙述早期经历。当她说到姐姐“拿我到处炫耀”的时候，作者感觉情况不对，他的看法开始变化：“这看起来没有我们想象得那么好。如果一个女孩被‘炫耀’，她感兴趣的可能只是得到社会的欣赏，而不是为社会做出贡献。”病人接着说出下面的话：“在我还很小的时候，她就带我到处跑。对于这些聚会，我只记得一件事——姐姐不断强迫我说诸如告诉这位女士你的名字之类的话。”作者对这个早期记忆的评价就发生了变化：“这是一种错误的教育方法……”但是我们可以看出，作者还没有得出最后结论，没有完全推翻开头的结论，他在继续思考。

第三段，病人继续叙述早期经历：“我还记得，我如哑口不语，回家后肯定要挨训，这样我就变得讨厌外出，讨厌与人交往。”这时候，作者终于想清楚了，“我们的解析应彻底修改了。我们现在可以看出隐藏在她的最初记忆后的意义是：‘别人带我与人接触，但我发现这很不令人愉快。由于这些经历，我从此就讨厌与这类人合作和交往。'”作者推翻了开头的解析，而且做出了结论，这个早期记忆对病人的作用是负面的。

研究心理学家阿德勒解析这个案例的思维过程，会发现他不是先听后想，而是边听边想，信息记录与信息分析几乎是同步的，他的看法随着病人叙述的深入而变化，他既是在和病人交流，也是在和自己商谈。特别值得注意的是，作者有本领跟踪自己的思考。也就是说，他时刻知道自己在想什么，刚才怎么想的，现在的想法与刚才有何不同。他在思考的同时，似乎能分出另一个“我”来记录和监控自己的思考。一个人只要想进行认真的、严密的思考，这是一种必备的能力，我们可以称之为“思维的自我监控能力”或者“反思能力”。所谓反思，就是对于自己的思考所进行的思考。

此种本事可不是一下子能学会的，需要长时间的训练，而我们现在许多老师连这种训练的意识都没有，他自己也没找到过此种感觉。所以我很赞成阿德勒的办法——把自己的思维过程展示给读者看。不是单把结论告诉你，而是把我开始怎么想的，后来怎么想的，中间怎么变的，全都告诉你。我帮你学会思考，而不是简单地叫你记住我的结论。这才叫“授人以渔”，而不是“授人以鱼”。记得杨振宁先生在一篇文章中说过，他的一位导师教他的知识绝大部分是错误的，但是他从这位导师那里学到的思维方式却使他受益终生。这才是优秀的教师，而不是我们现在随处可见的“知识搬运工”（荣格语）。

有时候，问题的关键不在于你得出了什么结论以及结论正确与否，而在于你的思维过程、思维方式如何，应试主义者是永远想不通这个道理的。

44. 把熟悉的东西陌生化，把已知的东西未知化

人类真是一种奇怪的动物，他害怕无知，却又渴望无知。

其他动物就从来不害怕无知，它们没有认知恐惧。比如我家小狗就从来不问“我们狗类的起源是什么”，不问“天地万物山川河流是从哪里来的”，也不会研究为什么近日总是倒霉碰见厉害的大狗，也不去比较，为什么我有家可回，流浪狗就只好在寒风中瑟缩。

人类就没这种福气了，人类吃了智慧果，就不能不思考，不能不提问。他如果搞不清自身的起源，宇宙的来历，自己的祖先，天地万物的运行规律，就会深深地陷入恐惧，心灵得不到安宁。人类有认知恐惧。

所以，地球上的一切民族，都必须通过神话、史诗、宗教等办法回答这些问题，来安定人心。比如中国神话盘古开天地、女娲造人，西方的上帝七日创造天地人等，都是满足人类这种认知渴望的。人类是一种意义动物，他必须给世界赋予某种意义，才能生存；人类是问题动物，问题伴随每个人一生。

然而无论宇宙还是人类自身，奥妙都是无穷无尽的。人们在探索的过程中会发现，知道的越多，不知道的也越多，在扩大有知的同时，竟然在成倍地扩大着无知。你缓解了一些无知的恐惧，却招来了更大的神秘和恐惧。所以人们为了维持心理平衡，只好又渴望无知。“我不想知道更多了，我已经够累了，太可怕了！”人们满足于廉价的人生答案，不光是因为思想懒惰，同时也是一种自我保护。

你到处都会看到这种现象：人们明知道事情很复杂，也不想刨根问底；明知有些答案可疑，也不去追究。比如我今年诸事不顺，

我当然也想知道原因，如果有人告诉我那是因为我“点儿背”（运气不好），我就满意了，我只要盼着明年时来运转就可以了。如果有风水先生告诉我那是因为我家墙头太矮了，不管我是否真的相信，我也会把墙头加高一些，于是我至少暂时心安了些。总之我希望立刻知道答案，而且不想追问，我在渴望有知的同时又渴望无知。

于是你就明白教会为什么要烧死布鲁诺了。他动摇了人们原有的认知，使大家陷入了近乎绝望的空前的恐惧。我想当年布鲁诺被烧死的时候，一定会有很多普通人大松了一口气，扰乱他们心灵的魔鬼被清除了，他们保住了自己的无知，获得了暂时的心理平衡。愚以为，正是这种“渴望无知”的心态，造成了荣格说的情况：“离我们最近的东西其实是我们最不了解的。”我们对近在眼前的东西熟视无睹，不光是能力不够，还有一个重要原因：我们根本就不想深入了解它，我们害怕这种了解。

可是人类中就偏偏有些哥白尼、布鲁诺这样的人，他们担忧无知而不害怕有知，不担忧有知带来新的无知。这些人，我们称之为思想者，其中卓有成就者，叫做思想家。他们一定是心灵特别坚强的人，能承受巨大的认知恐惧，而不光是能力非凡。

我们是教育者，按说教育者中思想者的比例应该大一些，因为教育者几乎是专门解决学生认知问题的。可惜，我非常遗憾地发现，中小学教师中的绝大多数人，竟然也是渴望无知者，教师中盛行的廉价答案就证明了这一点。学生为什么成绩不好？因为没有认识到学习的重要性。学生为什么成绩下降？因为学习不刻苦。学生为什么不守纪律？因为有多动症。学生为什么和老师顶嘴？因为逆反心理。学生为什么早恋？因为正处于青春期。为什么学生越来越难教？因为家长不配合，因为教育体制有毛病……这些廉价的标准答案几乎能回答一切教育问题，只要照着这些答案埋怨一遍，教师的心理焦虑就能暂时得到某种缓解，以后痛苦的时候，就再埋怨一遍。归根结底，离我们最近的东西仍然是我们最不了解的。我们既不了解学生的心理，也不明白自身的特点，既不知彼，也不知己，就这样卖力地傻干着……

我几乎终生都在和这些廉价的标准答案斗争。我总是努力把成见动摇，把宁静打破，把熟悉的东西陌生化，把已知的东西未知化。在某种意义上，我是个煞风景的人，破坏心灵平衡的人，讨厌的人。年轻的同行们，我真的很抱歉！

45. 把出乎意料的事情记下来

从理论上讲，如果你对学生的性格和心理了解得很透彻，你就应该能预见他的言行，他的言行就很难出乎你意料之外。反过来说，如果某个学生的言行你没想到，那显然证明你并不了解他。我主张把这种事都记下来，它们非常有研究价值。这要求教师十分敏感，不放过孩子细微的变化，注意孩子发出的差异信息。

我教中学的时候，有一天，一位家长来找我，说她的儿子捡了一块手表，这孩子想“拾金而昧”，被她发现了，特来交给老师，请老师帮助寻找失主。我问：您是怎么发现的？她告诉我，每天孩子回家都把衣服随便往床上一扔，今天却小心地把衣服挂在了墙上，她就起了疑心，等孩子睡着，一翻兜，里面有一块手表。那是上世纪70年代，手表还是稀罕物。我拿到这块表，在班上表扬了这个学生，没提他本打算拾金而昧的情节。然后我们就寻找失主。我估计这表可能是附近工厂的工人丢的，就到厂里打听，果然找到了失主，归还了手表。失主为了表示感谢，还送这个学生一个笔记本。结果皆大欢喜。可以想见那时的家长是一种什么觉悟。但这里我主要想说的是，这位家长很细心、很智慧，她能敏锐地发现孩子发出的“差异信息”，值得教师学习。

我观察过很多老师，遇到差异信息，他们或者熟视无睹，或者生气，埋怨学生不按老师的要求做。这是一种主观主义，甚至官僚主义。有一次我在课上发现一个平日听讲注意力很集中的学生精神不振，注意力分散，我几次用眼神提醒她都不管事。我有点生气，但是忍住了没发作。下课我悄悄问她：“你今天怎么了？”她竟然哽咽着说：“我姥姥去世了！”我心里咯噔一下，庆幸自己上课没有批评她，要是批评了，估计她也不会说什么，我可就成了一个冷酷的人了。我安慰了她几句，告诉她上课实在提不起精神，可以趴一会儿。事后我想，我以前一定犯过不少主观主义的错误，以后一定要小心，既要敏锐地发现差异信息，又不要轻率做出反应。

我建议青年教师特别留心意料之外的事情，遇到这种事不要大呼什么“匪夷所思”，“现在的学生怎么这样”，不要做出一副“只有我最倒霉”的样子，而要加以研究。一时搞不清怎么回事，可以把它记录下来，以后慢慢琢磨。世界上没有无因之果，出乎意料之外，只能证明我们自己还站在客观规律之外。记录下来，就是为了不断认识客观规律。

46. 对名言警句保持警觉

经验告诉我们，现成结论最容易变成陷阱。它的害处在于，一开始就扑灭了你探究的欲望。不必费力寻找了，结论就在你眼前，办法已在你手中，你顺着现成的滑梯溜下去就行了。于是你就溜下去了，于是你就真的变成了一个精神上的小朋友，嬉戏于学术的幼儿园。

从这个角度说，任何名言警句都同时具有两种品格：既是语言之精华，也可能是思维的陷阱（如果你机械地理解它）。

不信就想想“书山有路勤为径，学海无涯苦做舟”，“天才是百分之九十九的勤奋加百分之一的灵感”这样的话，给教师带来多大的负面影响啊！他们遇到学生问题根本就不用劳神具体分析了，只要批评学生“懒”、鼓动学生“勤”，用各种措施逼得学生不敢偷懒，就算完成任务了。大部分教师现在不就是这样工作的吗？

网上有一位老师问我怎样使中等生努力提高学习成绩，他认为他们有潜力，就是不努力。我问，你怎么知道他们都有潜力呢？他说，他们的成绩有高的时候。我就说：“你怎么敢保证他成绩低的时候一定是不努力造成的呢？当年我上中学的时候，同是物理课，我力学就学得很不错，而电学就怎么也整不明白。考力学，我分就高；考电学，我分就低，而前后我的学习态度并无变化。这就可见，学习成绩的起伏不一定总是和学习态度相关，还可能与学生的智力类型有关，所以你不能指望鼓干劲解决一切问题，要具体问题具体分析。”

我想，这位老师就是掉到一个现成的教育理念的陷阱里去了：以为只要解决学生认识问题，调动起他的积极性，就能解决一切问题。这其实就是“抓革命，促生产”的思路，不是没有道理，但是未免简单化了。

语言会妨碍思维。我们已有的知识，在推动我们前进的同时，也在阻碍我们，给我们脚下使绊。人们对此必须保持高度的警惕，对名言警句的态度也应该如此。

47. 人生活在科技产品中，不等于具备了科学精神

科学技术的产物已经改变了我们的世界，我们今天不生活在草木扶疏万物生长的世界里，我们身周的事物大一半是批量制造出来的，而不是生长出来的、培养出来的，这不能不改变我们关于自然的观念、关于事物的观念、关于生长和生产的观念。

（陈嘉映. 哲学 科学 常识 [M]. 北京：东方出版社，2007：2.）

科学精神是一般理性的态度、理性精神的发展，注重事实与逻辑，力求客观。

（同上书，第1页。）

科学技术改变了我们的世界，也必然在不同程度上改变着人们的思想。

愚以为这很可能强化了许多人的自我欺骗行为——我已经“科学”了。只要我有点钱，我就可以把我周围的环境“科技化”，衣食住行都采用最先进的科技产品，也就是说，我可以把自己用高科技产品包装起来。在别人看来，我身上洋溢着科学色彩，我自己也就可能迷迷瞪瞪地感觉“我很酷，我现代化了，我科学了”。即使我是个文盲，我也完全可以拿着最新款的手机做“科学”之状，其实我的灵魂很可能与科学完全不搭界。换句话来说，就是：科学离我越近，我离科学越远。

电脑的发明者和电脑的傻瓜操作者，二者对科学的理解或有天地之别，但表面上也许看不出来。同样道理，教案的原初设计者和“拿来使用者”，对教育教学的理解也可能差距很大，但这种差别一

时也未必能看出。结果就是，科技越发达，人类越两极分化，少数人创造性越来越强，多数人的智能则不断退化。当年我洗衣服是抱着大盆用搓板，现在把脏衣服往洗衣机里一扔，按一下电钮就行了。请问我洗衣服的真实本领是提高了还是降低了？如果没有洗衣机，人与人之间洗衣能力的差距还比较容易看清，现在有了机器，这种差距就被掩盖了，好像大家都是能人，都挺“科学”的。可见，科学，在一定意义上，是无能之辈和懒汉的节日。

所以，时代越向前发展，就越需要澄清：到底什么是科学？像我们这样自古缺乏科学传统的民族，如果忽然间大家里里外外都“科学化”了，像鲁迅先生当年批评的“咸与维新”一样，还有比这更可怕的自我欺骗吗？

“科学精神是一般理性的态度、理性精神的发展，注重事实与逻辑，力求客观。”首先要有理性的态度，还要讲事实，讲逻辑，用这个标准衡量，你会发现教师无论日常工作中，还是写文章的时候，其科学精神的含量大都相当不够，即使他们熟练地使用着电脑和电化教学工具。

如今我们已经被科技成果包围了，但那不是我们的成果，我们没有参与研究和制造，我们也就可能没有受到科学精神的熏陶，于是科学对于我们，就可能始终是“身外之物”。这就好像追星族一样，人家歌儿唱得好，我在台下欢呼雀跃，激动得差点晕过去，然而说到底，唱得好的人仍然不是我。对此我们一定要保持清醒的头脑。

第三部分

教育

48. 正确认识教育任务的矛盾性

教育是保守文化从上一代至下一代的工具。所谓教育是指广义而言，而不是单指课室里的教育说的。所以教育能使青年学习现存文化，同时增加了习惯的力量。当然教育也可以训练试验及发明或甚至并不传播旧有文化而传播最新文化，因而促进文化变迁。不过这种情形在教育中所占的成分极少，如果教育以广义而言。

（乌格朋．社会变迁[M]．费孝通，王同惠，译．北京：群言出版社，2002：98－99．）

乌格朋（美国人类学家）这里说的是广义的教育，我觉得所论述的内容也适合狭义的学校教育，尤其是中小学教育。从来中小学没有领导社会新潮流的，大学有时却有可能，基础教育总是比较保守的，也应该相对保守。

但是中小学一保守就要挨骂，新潮的家长要骂，新潮的传媒要骂，新潮的大学教授们也要骂。骂你固步自封，骂你缺乏创新精神，骂你误人子弟。愚以为这些骂声中很多具体内容都是有道理的。社会要前进，就希望培养出一代锐意进取的新人，这是完全可以理解的。可是，如果社会道德失范，道德滑坡，人心不古，也就是该保守的地方没守住，这又怪谁呢？这又该骂谁呢？也骂中小学。骂你德育没抓好，骂你没继承好传统美德。

总之，横竖都是骂，里外都是骂，你保守不对，你不保守也不对。中小学教育是“木鱼改梆子——挨敲的脑袋”。

据我所知，世界各国的基础教育几乎都是这种命运，社会上出什么事都要找老师，社会改革也常常拿教育开刀。西方有些总统竟选时，往往打着教育改革的旗号。这恐怕不能说是谁在刻意与老师作对，或者他们不尊重教师，好像全世界都是这个毛病。

社会对基础教育的期望值不但过高，而且自相矛盾。社会给基础教育的任务——既要保守，又要创新——实在是过于艰巨了。俗话说：甘蔗没有两头甜。社会却对教育说：你必须两头甜，结果是两头都弄苦了。

但是没办法，这就是教育的命运。教育本身确实有这两个方面的使命，缺一不可。这是教育的矛盾，也是社会的矛盾，永远的矛盾。

弄懂这个道理有什么用呢？可以调节心态。你明白了这个道理，人家再骂你，你就不那么生气了，你就会明白，这种骂声像夏季的蝉声、秋天的虫鸣一样自然。同时你也就不会过分自责了，你会明白，既然社会的期望值过高，你达不到也就很正常，努力就是了。结果是你反而能够更冷静地接受人家意见的正确成分，你的专业素质反而能提高得更快——你把本来用在牢骚和愤怒上面的精力，都真正用在超越自我上了。你节约了生命，升华了感情。

49. 教育是慢功。你真的明白这一点吗？

一般来说，儿童的基本态度不会因一个、两个、三个或四个月的教学而发生显著转变。同样地，我们获得的关于发生其他类型的行为变化（如思维和学习的方式、基本的习惯和实践、兴趣等方面的变化）所需时间的资料，也说明了这一点。

（Tyler R W．课程与教学的基本原理 [M]．罗康，张阅，译．北京：中国轻工业出版社，2008：35．）

3个月就是一个学期。就是说，学生要发生显著变化，没有一个多学期是不行的。日本有一位学者认为至少需要100天。如果这个结论有科学性，那么可以由此推知，我们很多优秀班主任的经验介绍中，学生的变化未免太神速了。或者是特例，或者其效果是有水分的。我们由此还可以推知，学校里流行的各项评比，要求今天发现问题明天就必须改正，班级平均分低几分就让教师下岗，在多数情况下是违反学生心理规律，也是违反教育规律的。如果有立竿见影的效果，那大概也是假象为多，并非真实的进步。

教育没有神话，教育是老老实实、耐心细致的事情。办教育不同于办公司，不能急功近利，不能乱搞指标管理。如果教育行政部门的官员真明白这个最基本的道理，他们就不会逼迫教师“一个月上一个新台阶”了。如果教师真懂得这个最基本的道理，他们就不会逼迫学生迅速进步，迅速提高学习成绩了；他们对上级的瞎指挥也就会心中有数，即使不得不执行，也会做些微调来保护孩子。他不懂教育，你懂。

所以我说，许多人干了一辈子教育，其实连教育的基本规律都没整明白。他们不是教育者，而只是“完成任务的”。这样的教师不少，这样的校长不少，这样的官员也不少。

50. 有经验就能创新吗？

有经历未必有经验。

很多人都以为老教师一定比新教师更有经验，这未必。一个人从事某项工作，时间越长，自然得到的“经历”和“体验”越多，但“经历”和“体验”不等于经验。我经常有摔跟头的经历，不等于我一定有防止摔跟头的经验。经验，那是从实践中得来的知识和技能，如果一个人在实践中并未得到什么知识和技能，他其实就没有多少经验，所谓“马齿徒增”是也。按照这个标准，你会发现很多教师并没有多少经验可言。

他人的经验不等于自己的经验。

从别人那里照猫画虎得来的经验，虽然也能解决某些问题，但这并不是你自己的经验，这只是享受他人的经验。但是久而久之，当事人忘乎所以，很可能就把这些东西看成自己的经验了。你会发现，很多教师的所谓经验，多是这一种，就是他的老师的老师的老师……的经验。这种东西确实属于经验，但若说成是自己的经验，未免不好意思，因为你显然没有知识产权。把此种经验剥去，剩下的自己的经验究竟有多少，可就很难说了。当然，历史不能割裂，别人的经验如果我确实理解了，消化了，而且能够活用，则把它说成是自己的经验未尝不可，不过自己心里应该明白，住的是二手房，非新建也。

总的说来，先不用讲经验与创新有什么关系，只说您脑袋里究竟存了多少名副其实的“经验”，有多少不带水分的“干货”，即大成问题。下面再谈经验与创新的关系，我们先假定这里经验都是货真价实的经验。

创新有两类：理论创新和实践创新，我们先说实践创新。

比如说网童教育，这是我们的前辈没有遇到或较少遇到的，大家都没有经验。怎么办呢？我没有理论，又躲不开这种学生，于是只好绞尽脑汁想对策，其实就是瞎撞。如果我发现用自己独创的某种办法或者用传统教育方法稍加改进，教育的有效率比较高，我就获得了经验。这种经验本身，就是一种实践的创新。但是，我若没有什么新想法新办法，只是用老办法和学生“硬拼”或“硬泡”，或许也能解决几个网童的问题（当然成功率不会高），如此就不能说我有什么创新，其实我也没获得什么经验，我只是把习惯动作重复了一遍或者加大力度舞弄了一番而已。恕我直言，我见到的多数优秀班主任的总结，都是这类东西。其中连经验都很缺乏，遑论创新了。

理论创新。还以网童教育为例。若某人懂得心理学和教育学，从网童的心理分析入手找到其迷恋网络的具体原因，进行诊断，然后对症下药。如果他的想法和做法是别人没有提出过的，那么这应该算一种创新，而且有理论性。这就超越了经验，因为他不是直接从实践入手的，虽然这中间他也可能搞一些实验。实验也是实践，但那是有明确目的的、有一定结构的、受控制的实践，与一般的直接经历完全不同。理论创新，需要当事者有理论素养、理论思维和研究能力。没有这些条件，你有多少经验也不行。只有零散的几颗山里红，串不成糖葫芦。理论比一般经验高明之处就在于，理论有整体性，而且有严密的推理。一般经验缺乏这种品格。

无论实践创新还是理论创新，都有个人创新还是社会创新的问题。只要你凭自己的力量获得了新经验、新见解，对你个人来说，这都是创新，都值得庆贺。但是你的这种创新可能别人早就有了，或者古人早就有了，或者外国早就有了，那么就全局看，就算不上创新了。一般说来，即使是很优秀的经验，也很难超出个人创新或某学校某地区创新的水平。没有理论的视野，人们常常会把很多陈旧的东西误以为新东西，或者把贴个新标签的旧东西当成新东西。教育界有很多“大忽悠”吃的就是这碗饭，我但愿他们是由于无知而把旧菜当成了新肴。

要补充的一点是：成功的经验不利于创新，失败的经验（教训）反而有利于创新。成功给人带来喜悦和实惠，一般人都倾向于不断复制之，而不是改变之，于是这种经验就成了保守因素。失败则有利于促进人们反思和改弦更张，探索新路子。当然这也需要当事者有进取心和一定的能力，如果只会怨天尤人（这种情况往往占的比例很大），则失败不但不能带来新经验，反而会造成焦虑和自卑。

51. 不要把“培养习惯”简单化

培养习惯，强调所谓“养成教育”，在教育界也已经成了陈词滥调。谁都挂在嘴边，很少有人深入研究。好像只要分清好习惯和坏习惯，剩下的事情就是全力培养好习惯，全力抵制和消除坏习惯了。我们抵制坏习惯的方法很简单，除大批判（揭露这种习惯的危害）之外，就是限制和惩罚，我们弘扬好习惯的方法也很简单，除了表彰之外，就只是反复的训练和强化。据我个人观察，数十年来都是这样，几乎没有什么变化。

其实事情并不这样简单。光把习惯分成好习惯和坏习惯是完全不够的，这太粗略了，太浮面了。愚以为，抛开坏习惯不谈，单是好习惯，就可以细分成自觉的习惯与不自觉的习惯，生产性习惯与非生产性习惯，一刀切的习惯与个性化习惯。

所谓不自觉的习惯，是指在强制训练或其他强制性因素（如舆论压力）作用下形成的机械性习惯。这种习惯往往是暂时的，一旦强制性因素去掉，习惯就可能消失。这种习惯也可能会保持下来，甚至保持一生，但是因为当事者并没有真正认清此种习惯的真正意义，则它对于人仍然是某种“外加”的东西。比如某个地区的老人因为某种良好习惯而长寿者甚多，但他们本人并不知其所以然。他们的某些良好习惯的意义，只有通过专业人员的研究论证，才能取得真正的科学意义，才能真正得到推广，否则这些好习惯就会自生自灭。严格地说，在这种情况下，人只是非自觉习惯的载体，而不是这种习惯的主人。所谓自觉的习惯则不然，当事者不但拥有某种习惯，而且拥有这个习惯的观念，确实明白此种习惯的意义，这才是自觉的习惯。我们的教育，培养的往往只是非自觉的习惯，虽然我们常常给学生讲解某种良好习惯的意义，但是这些东西学生往往只是会说会背而已，并未融入他们的意识。在我们这里，单纯的行为训练和单纯的道理灌输似乎是两条永不相交的平行线。

所谓非生产性习惯指的是只能适应现实而不能改造现实的习惯，墨守成规的习惯，自动化的言行。这类习惯的主要特点是只能重复旧动作，无法生产新东西。这种习惯当然也是需要的，没有此种习惯，生活无法延续其一贯性。但是社会除了延续之外还要发展，还要进步，于是就需要有生产性的习惯，也就是杜威所说的“主动调整自己行为”的习惯，创新的习惯。这种习惯的主要特点是能生产新东西。你会发现，在我们的学校里，不但不培养此类习惯，反而压抑它。比如一般教师发现学生有质疑的习惯，都会不满，如果学生思维出了圈，教师会很生气，因为这对考试分数不利。应试教育本质上有压抑创新的特质。

所谓一刀切的习惯，指的是大家统一，规范动作。这种做法在某些方面也许是必要的。比如洗手的动作，比如走路右行，这些还是统一为好。但是，越是高层次的行为，越不适合这么训练。比如学习方法，就绝对不适合统一。很多教师发明了什么“三步学习法”、“四步复习法”，就硬行以此统一学生的学习过程，愚以为这是很外行很蛮横的做法。你可以把此种方法推荐给学生，但绝不能逼迫学生形成统一的学习习惯，因为有很多习惯最好个性化。毛泽东读书的习惯是在书上写批注，鲁迅就不这样做，你能说哪个好哪个不好吗？你会发现，通常教师所谓的“培养习惯”，指的往往就是一刀切的习惯，他们没有培养个性化习惯的能力，甚至毫无此种意识。

更糟糕的是，我们已经把“培养习惯”等同于“行为训练”了。我们培养习惯的唯一办法就是训练，一遍一遍让你重复做同样的事情，幻想把它固化成自动模式，以为这样就是把某种习惯培养成功了。说实话，这和马戏团训练动物没有多大差别，虽然这也有一定道理，但是这么做是完全忘记了人的主观能动性和高级意识。习惯培养，光靠行为训练和道理说教是完全不够的，最重要的是设计一些情境，让学生自己去体验和感悟，帮助学生自己“生成”良好习惯。

我多年前就常听教师们谈论“养成教育”多么多么重要，几十年过去了，我发现，今日教师还在这样谈论着，如同放老唱片一样。我就想，这“养成教育”到底是个什么东西？（惭愧，我自夸一句，这是我的一种生产性的习惯，对司空见惯的概念进行质疑的习惯）我去查《教育大词典》，竟然没有这个条目。我因此怀疑，“养成教育”可能只是民间流行的一种非正式概念。再去网上查，有一个定义，但不知作者。

“养成教育”就是培养学生良好行为习惯的教育。它往往从行为训练入手，综合多种教育方法，全面提高学生的知、情、意、行，最终形成良好的行为习惯。

这就是了。我们通常所理解的养成教育，其实就是行为训练。这种东西当然只能培养不自觉的习惯、非生产性习惯和一刀切的习惯，而很难培养自觉的习惯、生产性习惯和个性化习惯。严格地说，这只是训练，登不得教育的大雅之堂。这样看来，我们在培养学生良好习惯方面的种种主观努力，实际上究竟对孩子益处多于害处，还是害处多于益处，真的很难说，虽然我们是一片好心。

还有一点我要特别指出。其实还有一类比行为习惯更重要的习惯——思维习惯。培养良好的、自觉的、生产性的思维习惯（比如遇事喜欢问“问什么”，不轻信，希望把概念弄清晰，讲逻辑），应该是比培养良好行为习惯更重要的教育任务，然而这个问题几乎不在教育者的视野之内，本书在这方面做了一些努力，请青年教师留意。

52. 警惕“常规性习惯”

各种习惯和智力脱离到什么程度，这种习惯变成呆板的动作的方法，或者变成奴役我们的动作方法就到什么程度。常规性的习惯就是不加思考的习惯……这种习惯控制我们，不是我们控制他们，这是抹杀可塑性的习惯。这种习惯表明丧失变化的能力……如果我们采取近视的方法，求助于机械的常规和反复的练习获得习惯的外表效率，没有思维的动作技能，那就是蓄意束缚生长。

（约翰·杜威. 民主主义与教育 [M]. 王承绪，译. 北京：人民教育出版社，1990：57 – 58.）

常规性的习惯就是不加思考的习惯，这种习惯的好处是可以节约精力，如果任何一件事处理起来都需要经过一番考虑，人未免活得太累了，正是因为有一些事情可以不加思考就做了，我们才能抽出精力来在确实需要思考的地方进行思考。

然而问题在于：

第一，你得清楚，在自身活动中，不加思考的部分占多大比例。这是一种非常重要的自知之明。显然，如果你的活动中不加思考的部分比例过大，那你肯定僵化了，也就是说，你已经没有多少可塑性了。这是人生的一种悲哀，如果你还不属于老年人，那就加倍地悲哀。我相信这个“不加思考的部分”的比例因人而异，也很难量化，但我建议青年教师静下心来做一番自我诊断。如果发现自己在工作时说的话全是翻来覆去炒冷饭，做的事全都是陈旧的习惯性动作，这等于自己头脑中的软件只顾一遍一遍使用而没有升级换代，那你就停滞了。不过这里要指出，现在比较流行的办法是软件没有升级，而更换了升级模样的外包装，自欺欺人。对此要警惕。

第二，你得有一种智慧，知道在什么时候、什么地方不能够使用常规性习惯，而必须停下来仔细思考一番。既然人的精力是有限的，就要把钢使在刀刃上。这就是我常说的精力分配问题。有些人心眼很多，也够聪明，可惜只用在人际关系上，钩心斗角，这种人的业务能力是很难提高的。我建议青年教师遇到教育教学问题的时候，先别动，停下来思考一下：像这类问题，从来我都是用某种方法处理的，这次我能不能换个思路和办法？这其实就是有意打破自己的常规性习惯，恢复可塑性。这样做了效果不一定比用原来的办法好，但是你获得了新经验。从战略角度看，得大于失。什么是聪明人？什么是智者？在一定意义上可以说，聪明人就是那些竭力保持自身可塑性的人，对自身常规性习惯予以警惕和限制的人。

不过我还要补充一点，有人以为，只要张着嘴，不断吞食新名词、新办法，就算“活到老，学到老”了，就算很有可塑性了（有些校长爱犯这种毛病，因为他们外出开会的机会多，接触新名目较多）。其实不然。这不是可塑性，而是“可扩张性”，只有数量的变化，没有质的变化。这可能导致“肥胖症”，并不健康。我说的可塑性是指改变自我，是自我的重新整合，而不是“增加体重”。

53. 师生影响是相互的

人只要和人打交道，其影响就一定是相互的（其实人与物打交道，物也会反作用于人的，石匠与鞋匠性格就不同），像化学反应，而不是物理现象。可能你自己没有意识到这一点，但事实就是如此。

不信你去观察一下。把中学老师和小学老师放在一起，你会发现小学老师的言行明显地比中学老师更像小朋友；把中小学教师和其他行业的人放在一起，你会发现老师们明显地比别人“傻”，他们更像缺乏社会经验的孩子。为什么？由于教师相对封闭的生活方式，由于老师们受了孩子的影响，学生在一定程度上把老师“孩子化”了。

我见到有些小伙子，找女朋友坚决不要中小学老师，理由是害怕婚后在家中被当做学生训斥；可是另有一些人却很想找中小学老师，理由则是“教师单纯”。其实教师的这些缺点和优点的来源是一个，都是教师的“职业病”。

如此看来，所谓“塑造”，所谓“传道授业解惑”，所谓“动之以情，晓之以理”，这些提法就值得研究了，因为它们摆出的都是一副单向施加影响的架势。第一，这不符合事实。经验告诉我们，在教师影响学生的同时，学生也在影响教师。作为教师，与其被动接受学生影响，不如主动接受它，反而容易扬长避短。第二，荣格说得好：“如果你自己不能受到影响，那么你就不能施加影响。”为什么呢？因为任何一个人都不愿意把自己变成一个由别人摆布的器具。比如某人想要影响我，他却根本不顾我的感受，不倾听我的发言，不和我交流，不想采纳我的任何意见，总之从信息角度看，我是纯粹“进口”，他是纯粹“出口”。这样我不成傻瓜了吗？不成了一个“信息殖民地”了吗？这对于任何一个人的自尊心都是严重的打击，他肯定要反抗。最常见的反抗方式就是：“既然你不接纳我的任何信息，对不起，我也实行贸易保护主义——拒绝进口，不买你的东西。”

这正是许多学生对老师的态度。我们的教育效果不好，这是一个重要原因。

你的心灵对学生开放，学生的心灵才会对你开放，开放是相互的。你不能要求孩子心门大开，任你侵扰，而你自己则高墙壁立，大门紧锁，还有卫兵。

其实细想起来，所谓教育，不过是教师与学生的相互交流和相互影响而已，教师也是参加化学反应的一种物质，不是单纯的实验操纵者。

54. 师生既要密切关系，又要有点距离

如果我去看医生，结果医生问：“今天我们感觉如何？”恐怕我在那里再也呆不下去了。同样的，如果侍应生（即饭店服务员——王晓春注）问我：“嗨，今天我们想吃些什么？”我恐怕也会很恼火。但如果是在课堂上，把你自己当做学生团队中的一员将会更好，因为这样做确实能够有力支持“同一团队”的观念。“让我们拿出课本”要比“拿出你们的课本”更好，“我们可以怎样续写这个故事”要比“你们可以怎样续写这个故事”更让人感觉舒服。

（雷内·罗森布拉姆－洛登．你必须去学校，因为你是教师——250条使你的工作变得轻松愉悦的课堂管理策略 [M]．郑丹丹，译．北京：中国轻工业出版社，2008：81.）

这里表面上看讲的是语言技巧问题，其实是人的自我定位问题。有时候你需要与工作对象“天人合一”，咱们是一伙的，有时则需要和工作对象保持距离。

这是个教育哲学问题。

我最感兴趣的是医生与教师的区别，因为我常常举医生的例子与教师做比较。医生的态度，是一种比较典型的科学态度。科学研究的前提是研究者与研究对象保持距离，保持某种张力，否则科学研究无法进行。科学家必须站在研究对象之外，才能冷静地、客观地观察和分析他的对象。也就是说，在进行科学研究的时候万不可“天人合一”，合一就无所谓研究了，就像人无法看见自己的鼻子一样。即使是反思自我，也必须跳出自我，站在外面回望自我，否则反思将无法进行。可见，距离不但产生美，也产生科学。我相信中国人科学意识淡薄，中国近代科学落后，与我们文化中的“天人合一”观念有某种内在联系。“天人合一”势必阻碍人对“天”（自然）的了解和探索。“天人合一”的意识，有利于搞关系，不利于提高认识水平。

教育既是一门科学，也是一种关系。为了搞好校园人际关系，强调“师生合一”很重要，但是为了了解学生，又必须有某种医生的科学态度，要保持距离。所以从一定意义上可以说，教育的艺术，就是协调“联系”与“距离”二者关系的艺术。现在的问题是：在需要保持距离冷静研究学生的时候，我们搞“天人合一”；而当需要和学生打成一片、平等相处的时候，我们却又端起“师道尊严”的架子来，这当然很难做好工作。

55. 人的心理能量也是守恒的

在我看来，它满足了一种心理学的规律，这条规律至少在个人生活中是真实有效的。根据这一规律，对于失去了重要性和价值的每一部分意识生活，无意识都会产生一种补偿。我们可以把这看做是与物理世界中的能量守恒定律类似的规律，因为我们的心理过程也有一个量的方面。一种心理价值如果不是被另一种相同密度的心理价值所取代，它是不会消失的。这条规律在心理医生的日常实践中得到了实际的检验；它反复被证实，而且从不失败。

（卡尔·古斯塔夫·荣格．未发现的自我［M］．张敦福，赵蕾，译．北京：国际文化出版公司，2001：281．）

一个人必须为获得创造之火这一神圣的天赋而付出巨大的代价，这条规律几乎没有例外……一个艺术家，也就是说，他从出生的那一刻起，就被召唤来完成一个比普通人能胜任的更伟大的任务。一种特殊的能力意味着在某一个特殊的方面大量消耗能量，并因此导致生活的另一些方面的枯竭。

（同上书，第242－243页。）

如果确实存在这样一个心理守恒定律，那恐怕我们只好承认，所谓“全面发展”只是教育的一种整体的努力目标和必须宣示的美好愿望，而绝不是学生都能达到的实际目标。具体到一个个学生，我们只能尽量朝这个方向引导，而不可以如此强求。全面发展并不是绝对均衡发展，学生的心理能量总难免向某个特定的方向倾斜，这是正常的，不属于病态。我们若不顾一切地迫使之齐头并进，那倒是自己有病了。追求完美的老师应该清醒了。

如果确实存在这样一个心理守恒定律，那恐怕我们只好承认，一个学生上课如果确实听不懂，他做点小动作、捣点乱以排遣寂寞和空虚，是可以理解的。如果他上课总是昏昏欲睡，那我们可以想象，他下课以后很可能精神百倍；如果他从来都沉默寡言，那我们可以想象，他在家里或某种特定场合很可能会很能折腾；如果这是一个非常抑郁的人，我们也可以想象，有一天他会发疯，胡言乱语，把自己所有的郁闷尽情地发泄出来。总而言之，人的心理能量就像一条河，总要流到什么地方去，不会无缘无故消失。因此，作为教育者，遇到一个学生问题，在我们没有给它开出一条通道的时候，千万不可以贸然堵住原来的通道，否则是危险的，因为你那是在和心理规律作对。我们很多老师现在正是这样做的。比如某学生因为上课确实听不懂而看课外书，这是他心理能量流淌的一个通道。现在你把书没收了，请问他该干什么呢？

于是你就知道我们现在学校的简单生硬的各项评比是多么莽撞了。这等于到处截流，积攒学生的破坏性。幸亏多数学生胆子小，不敢大闹，但是他们自有对策，跟你来蔫的，我不造反，我消极怠工，你有什么办法？此之谓厌学。厌学是很多学生释放心理能量的方式。不信你去观察厌学的学生，他一定有感兴趣的事情做：有的追星，有的吃喝，有的打架，有的早恋，有的迷恋网络，反正他一定要给自己的心灵之水找一条河道流下去。

愚以为，如果心理能量守恒规律能普及成教师的常识，我们就能少做好多蠢事。知识有两类：一类是好消化的，一类是不好消化的。不好消化的知识需要认真理解反复琢磨反复实践才能内化成能力，比如心理分析的知识；好消化的知识则只要知道有这么回事，立刻就能指导行动，少犯错误。比如我原来特爱晚饭吃豆腐，不知有害处，后来看电视知道了晚上吃豆腐容易长结石，这个保健知识立刻就能使我在此事上变成明白人，我第二天就改在中午吃豆腐，有了立竿见影的进步。心理学当然不是这么简单，但是有些常识性的东西，比如“心理能量守恒”定律，只要在教师中稍加普及，让教师知道有这么回事，教师的境界就能立刻得到一点提升。他也许没有马上变得更智慧，但是起码比原来少了一点傻气，这就是进步，就是素质的提高。我希望青年教师多多掌握这些基础性的知识，有了一些基础，再修炼更高的能力。

56. 正确看待物质发明

许多单独的物质发明，因为它们可以满足我们某种欲望，或可以增加我们一些舒适，所以被采用了。但是它们所引起的调适作用，并不只限于目前的满足某种需要。例如蒸汽机的应用，是因为它能代替人力。但是蒸汽机的普遍的应用，却产生了许多文化的变迁，并不是单单的满足节省人力的要求了。物质发明的影响非但深远，而且在事前不易预测会有什么社会结果产生，这些不易预测的结果，比较发明后所给予的满足，重要得多。发明或发现都能产生不易预测的结果，所以是很危险的，例如一个游猎民族的人，也许因采用了现代的枪械，而使其食料的供给稀少了。好像我们可以产生许多的发明，使天产日竭的情形一般。

（乌格朋. 社会变迁[M]. 费孝通，王同惠，译. 北京：群言出版社，2002：147.）

发明和发现差不多都是双刃剑，在给人们带来舒适和方便的同时，也带来危害。有的危害立竿见影，有的危害积久才能看清，后一种其实危害性更大。比如内燃机的发明、发电机的发明、电动机的发明，都给人类带来了极大的利益，可是说到环境污染，它们也是罪魁祸首。然而这种危害，三年五年是看不清的。记得我上初中的时候，流行歌曲中有一首“我骑着马儿过草原”，歌曰：“我骑着马儿过草原，清清的流水蓝蓝的天。牛羊肥壮驼铃响，远处的工厂冒青烟。”那时候是把“冒青烟”与“清清的流水蓝蓝的天”同样看做美好事物的标志，进步的标志，现在谁要是歌颂“冒青烟”，则会被看成人类的公敌。再比如塑料，塑料的发明者可能绝不会想到他是“白色污染”的始作俑者，塑料现在已经被人称作“最糟糕的发明”了，发明者在天之灵恐怕唯有苦笑吧？

作为教师，我们一定能感觉到电视无孔不入的影响。电视在与教师争夺学生的注意力，而在这场争夺战中，教师往往是失败者。语文教师如果认真研究一下，可能会发现学生（甚至教师自己）写的文章中，那些流行词汇，甚至立意，都往往是从电视剧和晚会中抄来的。电视把师生的文风都快餐化、表面化而且统一起来了。在这种情况下提倡独立思考一点也不容易。你可能会发现现在遇到一个问题，什么意见都有，看似活跃，其实细琢磨，多数人都是情绪性的应激反应而已，大家都在乱嚷嚷，意见不一样只是因为屁股坐的地方不同（利益不同），而不是因为独立的思考。电视机“统一”了我们的脑袋。至于电视造成了人际交流的减少和人际关系的疏离，那就更不用说了。

还有手机。学生持有手机，带来的绝不仅仅是纪律问题，仅看成纪律问题就太肤浅了。我感觉使用手机有可能破坏学生的思维能力，尤其是逻辑思维能力，因为用手机发短信语言是破碎的、非连续的，这种语言形式作用于学生的头脑，久而久之就可能使他们的思维也趋向破碎，可以称之为“短信式思维”，东一榔头，西一棒子。微博也有类似的作用。我觉得教师应该认真研究这个问题。

发明和发现是很危险的。我们无法（也不应该）阻挡各种发明，我们也不一定有本领预测各种发明带来的负面作用，但是当某些负面作用已经显露出来的时候，我们若再熟视无睹，那就太麻木了。我们应该有些警觉，应该有些思考，应该拿出对策。

57. 不要“引火烧身”

我在网上见到一位班主任对新生的“训话”,其中有这样的内容：

老师非常讨厌所谓的新潮，所谓的非主流！你好好的中国人，干吗把头发整成黄毛狗！你好好的头发，干吗非东一块西一块的挖成癞疮疤，明明是男孩子，在前面留一小撮毛，还要搞刘海儿！这不男不女的，你觉得美吗？

还有披金带银的，脖子上缀着铁链，手上抹着指甲油，像九阴白骨爪的，你们都好好收拾掉，这是学校，不是妖精洞，不要在这里丢人现眼！

如果你真舍不得这样的美，请你老人家回去，你打扮成牛魔王也没人会说你，总之，老师的班级永远不欢迎和接纳妖精！

(摘自：K12中国中小学教育教学网)

我理解这位老师的义愤，但是这种讲法恐怕不妥。情绪化，对学生不够尊重，人治的味道过浓，而且这样说对自己也不利。

关于学生的衣着打扮，学校往往有规定，作为班主任，向学生传达这些规定，适当讲讲道理就行了。既然是学校的规定，班主任加以贯彻，那就是题中应有之义，班主任没必要把此事都揽在自己身上。这位老师的发言给人的感觉是,你们为什么不能搞奇装异服？因为我讨厌，因为我觉得不美。美与不美，在我这个班，只能由我来判定。本来学生若对学校的某些规定持异议或者不满，他会冲着学校去，这么一来，可就全冲着训话老师来了。我把这种做法称为“引火烧身”。于是我们可以判断，人治比法治更容易激起矛盾。你把什么都揽在自己身上，学生只好和你干了。我劝青年教师不要这么做。比如我的学生有发型不合格的，我会单独告诉他，你这样不行，不符合学校的规定，你必须改变，否则我只好按学校的要求执行纪律。这么做传达给学生的信息不是我讨厌你，不是我看着你不顺眼，而是你忽略了纪律，我是在执行公务，这是我的责任。如此，学生就不可能把满肚子愤怒朝我发泄，师生矛盾就不会激化。青年教师威信还不够。老教师即使说话难听，学生往往也只好忍了，青年教师这样说话，学生就可能顶你，造成麻烦。

这是狡猾吗？这是胆小怕事吗？不是。我举个例子。比如你驾车出行，不小心超速了。来了一位警察，给您敬个礼，说：“对不起，您违反了有关规定，请把驾照拿出来。”这是一种态度。换一位警察，拦住您的车，张嘴就说：“你找死啊！我就讨厌你这种人，好像世界上只有你敢飙车似的。”请问哪一种做法更符合现代人的风范？

58. 何为“迈小步”？

我常常说，鉴于我们面对的大环境，要进行教育方面的改革，哪怕只是一个班级工作的改革和一门课的改革，也可能遇到不少困难。欲速则不达，开快车容易翻跟头，最好迈小步。于是有的老师问我，迈小步怎么做？我提供几种思路给青年教师参考。

（1）堵堵放放，一张一弛。比如课堂纪律，你在一段时间内对有些不严重的问题装作没看见（注意，不是真的没看见，而是装作没看见），有意识地放松一下，等到情况有些严重，你再出手管一管，然后再放，再管，像揉面团一样。这就是迈小步。这样过一段时间，你也许就会发现学生整体的自觉性有些进步了。

（2）先让学生对自己进行“调查研究”。直接提要求，有时候学生难以做到，这时可以提出分层次的要求，让学生选择。比如作业，我留5个题，3个基础题，1个稍难一点的题，一个很难的题。你可以只做前3题，也可以做4个题，也可以只做4、5题，甚至只做第5题。两周以后，你写一个简单的报告给老师，对自己本科学习情况做一个评估。有这样一个过程，你再搞分层教学，就会顺利一些，因为你有前期准备，这就是迈小步。

（3）“短期自治”。比如自习课，往往需要教师在场监督。你可以找个借口离开，告诉学生，请你们自治10分钟，如果出现纪律问题，请班干部提醒一下，但只准提醒，不准批评，事后也不要向老师汇报。隔几天，再试一次。多次之后，就可以整个自习课都不去了。但是教师不能太松心，再过几次，教师可能又会出现。如果发现学生有纪律问题，不要轻易批评，而要个别询问：“老师不在你能否管住自己？能管多长时间？这周和上周比，你自我控制的时间是不是长一点了？长一点就好，继续努力。”

我想，学生的自尊、自信、自觉，只能这样慢慢形成，一般说来，要见到较为明显的效果，起码要一个月。但是你坚持这样做下去，就会发现带班越来越轻松，教学效果越来越好。这是慢功，但属于可持续发展。

59. 带班如交友

有一句名言：教育者必须先受教育。其实教师不但要“先”受教育，而且应该随时、永远处于受教育状态，教育者应该一直在受教育、被分析，活到老学到老，否则他无法很好地完成教育别人的任务。

上世纪70年代后期，我在中学教书。有一年接了一个班，学生让我又爱又烦。纪律没问题，团结没问题，集体活动热情很高，参加各项比赛齐心协力，师生关系不错，星期日我经常带他们去做军事游戏——在沙丘中打仗。那时候全国都学解放军，学校以军事编制来命名，学生不把我这个班主任叫“王老师”，而称我为“王排长”。本排长手下这些兵真可谓是“召之即来，来之能战”。我还有什么不满意呢？学校毕竟不是部队，学生的主要任务是学习，而说起学习来，我可就郁闷了。怎么那么巧，好像全年级脑子最不灵活的学生都跑这儿来了，上课学生一个比一个木，成绩实在不佳。那时没有什么升学压力，各班成绩也不排队，只要“革命”就行，按说我可以高高兴兴教下去。可是我心里却烦躁不安。我喜欢聪明学生，我不怕乱，乱我有办法收拾，我怕的就是学生脑子不转。你跟他们发火吧，没有理由，你让人家做的事情人家都尽力做了，有何错误？不发火吧，心里难受，憋得慌。那时我年轻，自己懵懵懂懂，只觉得浑身不得劲儿，严重的时候甚至不愿意看见这些学生。我板着面孔不理他们，搞得他们莫名其妙，挺害怕，又不敢问。其实他们如果真的来问我，我也说不出所以然，这是一种无名怒火，越烧越旺。后来我忍无可忍，到放假就要求领导给我换班。下学期我接了一个新生班，感觉有些轻松，却又很后悔——我离开那一班学生才发现，其实我很喜欢他们的朴实。

现在想起来，我很惭愧，这不是无端离开朋友吗？其实这是逃跑。我没有足够健康的心态和充分的能力来适应他们，问题主要出在我身上。我那时既不会诊断班风，也不想分析自我，真的是在“跟着感觉走”。现在如果遇到这样的班，我会平静很多。我会很理智地做出判断：这个班的班风与我的个性不大符合。这种班我也许能带成优秀班集体，但是成绩很难名列年级前茅。我必须接受这个事实，就像承认老天爷赐给我一个脾气不像我、智商不够高的后代一样。

教师有个性，班级也有个性，班级的个性就是所谓班风。一位教师和某个班级打交道，就像两个人交朋友一样，双方脾气是否相投，性格是否相似或互补，有没有缘分，都影响交往的质量。两个人交朋友弄不到一块去，或者表面客气无法交心，或者干脆分手，你能轻易断定是某一方的毛病吗？恐怕不能。这就可见，班主任带班，今年教个优秀班集体，明年却成绩平平，这是很正常的，未必是这位教师觉悟降低了，干劲不足了，能力下降了。希望做校长的注意这一点。

带班如交友。我们面对不同的朋友可能会重点展示我们性格的不同侧面。和有的朋友说闲话，和有的朋友谈工作，和有的朋友大谈哲学，和有的朋友深谈感情，而和有的朋友，只是一起打麻将而已。同样道理，一个经验丰富的班主任，面对不同性格的班级，也应该展示个性的不同侧面，有的要严厉，有的要宽松，有的要严肃，有的要活泼，有的要动用心计，有的要装傻充愣。我们应该在分析学生的同时分析自己，在改变学生的同时改变自己，在帮助学生进步的同时超越自己。至于教师学生哪个是主哪个是宾，哪个是因哪个是果，往往并不重要，重要的是大家都发生了良性改变。交朋友的过程同时就是认识自我的过程，分析学生的过程同时就是教师发现自我的过程，在这个意义上说，教育是相互的，我们从学生身上学到的东西未必少于学生跟我们学到的东西。

60. 用情境“管”人

学校里教师滥用权威、搞命令主义，不能完全归罪于教师“不民主”，义务教育的强制性和班级这种组织形式注定了教师必须有“维持秩序”的功能。也就是说，这里有制度原因。但是作为教师，尤其是班主任，也不应以此为“我说了算”、“我的地盘我做主”的独裁作风辩解。教师完全有可能把自己“维持秩序”的职能降到最低限度，主要不靠“人管人”，而靠设计良好的教育情境，用情境“管”人。杜威说，情境本身能控制人。

你会发现很多优秀班主任都特别善于搞活动，他们往往还能定出一些目标，鼓动全班同学自愿为这一个目标而奋斗。这是非常聪明的办法。当一群人向一个共同的目标前进时，或者在共同搞一件有趣的活动（有点像游戏，在游戏中人们不会觉得谁在“管”我的）时，大家就不会注意谁在“管”我，我在被谁“管”，人们互相之间就成了伙伴，都面朝一个方向，教师和班干部也就摆脱了站在同学对立面的尴尬，角色就发生了变化。

这件事好说不好做。教师必须有相当的智慧，能设计出既合乎教育目的又符合学生兴趣爱好、受学生欢迎的活动来。这是相当困难的。很多教师正是因为缺乏这种智慧，又不愿学习，怕动脑筋，才不得不乞灵于所谓“严格要求”、“准军事化管理”，甚至还有呼唤体罚的。这些想法并不是毫无道理，但是这样做，就等于公然站在学生对立面去了，不但会激化矛盾、酿成事端，而且教师自身的专业水平提高也会严重受阻——只要能以势压人，人就不会努力提高教育的艺术了。以势压人，“令行禁止”，该多么省事！

管理学生的思路，有“人治”，有“法治”，还有一种“情境治”。这最后一种可能是很多教师不熟悉的，然而它是最重要的，最有前途的，代表正确方向的。

61. 改变小干部定位

在我国，只要一谈班主任工作，必定涉及小干部问题。如何选择（选举）干部，如何使用干部，如何监督干部，是班主任工作的基本内容之一。可是外国似乎不是这样。我正在读一本美国教育学者写的书——《中学课堂管理》。第一章是全书的核心部分和大纲，一句也没有提班干部，搞不清他们究竟有没有所谓“班干部”“科代表”之类，查看了全书的三级目录，均没有关于班干部的论述。我因此得出一个初步的结论，美国的课堂比我们的课堂，行政色彩要弱得多，学术色彩则要强得多。

行政工作是由官员来支撑的，哪里突出行政色彩，哪里必然有一级级的官员，一级都不能少，一级管着一级，成为行政系统。我们学校里的年级组历来比教研组重要，也说明了这一点。重用小干部，可能与我们的班额大有关（人多教师管不过来，只好设小干部），也可能与我们的传统文化有关。鲁迅说过，中国人的官瘾实在太深。今日人们吹牛时，往往夸耀“我手底下有多少多少号人”，可见我们有一种“需要下级”的潜意识。这种潜意识可能增加了我国班主任工作中小干部的分量。

其实细想起来，让心智尚未成熟的孩子模仿官员，未必合适；让他们管理同龄人，在解决某些问题的同时，必定“生产”很多问题。学校首先应该是一个“学习型”的组织，若强化行政色彩，势必把学校变成一个层层“落实上级意图”的行政单位，现在的情况差不多就是这样。这是我们教育者专业水平长期得不到明显提高、教育科研成为行政附庸，很少真实研究成果的根本原因。我们的眼睛不是在搜寻真理，而是在盯着上级的脸色。教师盯着校长的脸色，小干部盯着教师的脸色，同学则盯着小干部的脸色。

鉴于我国国情，恐怕手下没有小干部，我们的班主任就不会工作了，所以我主张，适当改变小干部的角色，不要给他们太大的权力，也不要他们承担成年人的任务，更不要把他们当成教师的代理人。让小干部做一个志愿者那样的服务人员就差不多了，越是低年级，越应该如此。

62. 不要幻想孩子有成人的未来意识

如果你有个三年级的学生上课迟到了1个小时，不要对他说他会因此而得不到一份好工作，因为他还不大理会这些问题呢。相信我，他现在并不关心找工作的事情，因此你的这种预先警告没有任何意义。

当我在为九年级的学生讲解艾滋病的可怕后果时，学生会觉得这样的事情一点也不真实，因为对于一个15岁的孩子来说，谁会相信自己有一天会死亡呢。但是，如果我用图表的形式向学生讲解性传染病对身体健康所带来的影响，他们甚至会发誓一辈子都要远离性生活！

如果我对一个五年级的学生说，她的学习习惯太差了，她会因此考不上大学的，对此她也不会太在意，因为她现在还在担心上初中的问题呢。

因此，教师应当向学生指出，他们这样的行为可能会导致什么样的即时性后果，应当将他们的未来建立在切实的明天基础上。“如果你今天上课迟到的话，明天你就需要放学后留下来补课了。”对学生而言，这才是真实的事情。

（雷内·罗森布拉姆－洛登．你必须去学校，因为你是教师——250条使你的工作变得轻松愉悦的课堂管理策略 [M]．郑丹丹，译．北京：中国轻工业出版社，2008：89.）

各位老师一定要注意，无论您的话多么有道理，只要离学生太远，学生不能理解，它就是伟大的废话、正确的空话。按照这个标准，教师浪费的语言就太多了。

曾有不少老师愤愤然问我：“王老师，我说的话一点都没有错误，他们为什么不听？”这种想法是非常天真的。把教育看成教师发出正确指令学生执行的过程，可以说基本上不懂得教育。很多教师拿案例来咨询，却不交代学生的年级，甚至连小学中学都不告诉我，可能他们以为有某种药方是对各年龄段的学生都适用的吧？事实上并没有这种药方。

有人要问：既然孩子不能理解未来，那么理想教育是不是错误的？理想教育很必要，但是理想教育一定要从学生的实际情况出发，在学生原有基础上进行，不可以空悬一个理想，让所有学生都为此努力。我们中小学的理想教育常常沦为成年人一相情愿的抒情，学生不买账，重要原因就是脱离了学生实际情况。比如职业选择教育，这是现实生活与大的人生理想的中间环节，我们很缺乏这种教育，所以学生往往糊里糊涂，到考大学了还不知道自己适合干什么工作，嘴里却喊着“为中华之崛起而读书”的口号，这种理想教育就不能说是成功的。

教育者应该目光远大，但具体的教育行为却应该很切近学生眼前实际，以便于他们理解和接受；现在事情往往正相反，教师目光短浅，只看到眼前的分数，嘴里的说教却立论极其高远，腾空入云。

63. 不要过分追求秩序

对于秩序有过分追求的人往往是对生活惧怕的人，因为生活是无序的。它带来惊奇；对它自发是必须的。

（埃里希·弗罗姆. 生命之爱［M］. 王大鹏，译. 北京：国际文化出版公司，2001：63.）

我一向反对过分注重纪律（注意其中“过分”二字）。有人以为纪律越严格越好，纪律越严格越能提高学生成绩，这种想法证据不足。在我看来，在集体环境中，纪律只是一种保障，能起保障作用就行了，纪律本身并不生产什么成果。我所见到的迷恋纪律的老师，一般都思维方式刻板，思想保守，创造性差，有的甚至可以说有心理疾病，学生中稍有“出轨”他就惊慌失措，如临大敌，分明一副经不起风吹草动的样子，有性格软弱胆怯的嫌疑，有缺乏应变能力的嫌疑。

弗罗姆说得很深刻，生活是无序的。当然，对弗罗姆这话也不可做过于机械的理解，生活还是有一些基本秩序的，否则人类就无法生存了。不过，刻意追求纪律的人确实是幻想用自己的主观想象来框死生活，是在和生活本身唱对台戏，这显然是不自量力。但是为什么许多这样的老师能够取得“成功”，居然把学生管得服服贴贴呢？那是因为力量对比悬殊。孩子小，抗不过老师，只好暂时服从。所以你就会看到学校里年级越高,孩子年龄越大,学生纪律越差。按说这不符合人的成长规律。孩子一天天大起来，应该越来越懂事，怎么会维持纪律反而越来越难呢？孩子的这种反常正是教育的反常造成的，教育违反了生活，于是造就了违反生活规律的孩子。

正常的教育应该尊重生活，应该以生活为师（师法自然）。生活有很强的自发性，幼儿和儿童更是如此。所以在小学的课堂上，孩子乱说乱动应该是常态。教师当然应该逐渐规范之,否则无法上课，但是此事只能因势利导，慢慢梳理，尽量少用强力而且不能要求过高，这样教育才不致远离儿童生活，儿童才能自然接受。其实这对教师的专业水平要求更高。我们看到一些外国小学生上课为所欲为的样子，教师居然不管，会很奇怪，其实他们不是管不了，而是不想这么做。以成人的威力，把一群孩子吓得不敢动弹，并没有太大困难。我们这里很多学校就是用威权把孩子治住了，立竿见影，鸦雀无声，形势大好，看起来赏心悦目，讲台上老师一点也不乱心。其实这对教师的专业水平要求是比较低的。而且这样一来，孩子的本性就压抑过度了（适当有些压力是可以的，应该的）。我们知道，心理能量也是守恒的，它不会消失，压在心里，越积越多，总有一天会集中爆发,这个时机一般是在中学,在青春期,翅膀长硬的时候。所以，今日中学生大量违反纪律，其实往往是在找回小学时期被剥夺的“小说小动权”，小学损失中学补。可悲的是，到中学，它采取了扭曲的形式，破坏性很大，弄得老师焦头烂额。这正所谓：谁不尊重生活，生活就会惩罚谁。陶行知先生说，教育就是生活，我们结合弗罗姆的论述来看，这话的含义是非常丰富的。

但这里有一个很现实的问题，校长们，教育官员们，往往恰恰是“过分追求秩序”的人，学校的各种评比，还有所谓的“精细化管理”，都显示了此种偏好。青年教师如果拿我的这个意见去质疑领导的做法，多半会碰钉子，若真的在班里放松纪律，则几乎一定会受到批评。领导不会认为你与他理念不同，他会认定你这是“不负责任”。所以我劝各位青年教师，这个道理，明白了就好，明白了跟不明白大不一样，但是行动要谨慎。遇到开明的校长，可以多往前走两步，否则就迈小步，慢慢来。还要看周围环境。你放松，其他学科老师不放松，学生就会拿你的课当“发泄课”，那你可就倒霉了。你放松了，学生很快乐，然后就可能把这种习惯迁移到其他学科，于是就可能遭到其他老师的反对，说你这个班主任把学生惯得不成样子。你就只好嘱咐学生，一个老师一个教学风格，你们在我课上可以随便一点，别人的课不要这样……一个理念即使确实正确，落实下去也会遇到很多意想不到的困难。青年教师要有思想准备，不要幻想走平坦的路。

64. 温和的管理方式为何行不通?

下面是一位青年教师（初中）提供的案例，很精彩。

语文课上有很多东西都是要求背诵的。学生背不过，教师仁慈地给他们充足的时间（30分钟左右）让他们出去接着背，还给他们支了一招，来回走动着背，背过一句就向前走一步。有的学生这样背过了，有的仍然背不过。一位校长看到他这样做，觉得太慢了，耗时太长。他把学生叫到面前站成一排，直接说：马上开始背，15分钟后我检查，背不过我揍死你们！效果出奇得好，好多人都背下来了只有一两个极特殊的仍然背不过。这位青年教师就想不通了，难道只有威胁要动手打，他们才能专心背书吗?

我相信许多青年教师都遇到过这类事情，你尊重，你理解，你信任，你沟通，你一片爱心，结果学生不领情，而你改成一副凶神恶煞的样子，他却乖乖地做了。敬酒不吃吃罚酒。你会想，这不是“贱骨头”吗？你实在不愿意把学生想成这样，这和你脑子里美丽的教育理想相差太远了。可是，“有经验”的领导和老教师会告诉你，学生就是贱骨头，你还就是不能给他们好脸。青年教师开始还将信将疑，慢慢地就相信了，几年之后，就变成“老教师”了。针对这类的案例，常有教师，尤其是青年教师问我：这不是铁的事实吗？事实把我上大学时听到的那些美丽的童话都粉碎了。我只好承认，那些所谓的正确理念，其实都是狗屁。

然而事情并不是这样简单。请听我来解释一下。比如你是个老烟民，烟龄10年以上了，你会振振有词地告诉我，抽烟确实能提神。你开夜车，昏昏欲睡，抽一支烟，精神头立马就来了。这是事实，你并没骗我。但这并不能证明烟草是个好东西，只能证明你自已吸烟上瘾。同样是人类，不会抽烟的人就没这毛病，抽烟不但不能帮他提神，反而可能添病，会咳嗽头晕。为什么？因为他没有烟瘾。同样道理，学生“贱骨头”，吃硬不吃软，这也是一种中毒成瘾的症状，叫做“暴力中毒”，就是说他从小受到的软硬暴力很多，在威胁压力下长大，习惯了把暴力转化为动力，一旦你不施加暴力，他自然就不爱动了，给你的感觉就是“吃硬不吃软”。“吃硬不吃软”是因为从小人们给的硬东西太多了，他已经适应了。你把孩子当奴隶来培养，他长大了自然会像奴隶，一旦有权就会变成奴隶主，他的家长，他的老师，他的校长，很可能都是从奴隶变来的奴隶主。所以，对孩子经常施暴的家长和教师，与他们施暴的对象（孩子）思维方式其实是一样的，都没有平等意识和互相尊重的意识，一旦处于强势，就赶紧发威（有权不使，过期作废）；我处于弱势，只好听命于人（在人屋檐下，怎敢不低头），而随时准备耍滑头。在这种孩子的心目中，人与人的关系就是恃强凌弱的关系，新来的青年教师对他客气一点，他就理解为此人好欺负，自然不听你的了。而这种恃强凌弱的心态，则是家长和许多教师长期合作、共同努力培养而成的，与社会影响也有很大关系。青年教师往往过于天真，以为只要我照正确的理念去做，学生也一定会自觉自立。这就好像善待一位老烟民，就幻想他一定会戒烟一样，世界上没有这么容易的事情。而像那位校长那样“现实主义”的做法，确有立竿见影之效，但也加重了学生的中毒程度，后来者就需要加大暴力力度，等到超出了孩子的忍受极限，定时炸弹就要爆炸了。所以这种教育，谁在下游谁倒霉。这是典型的“不可持续发展”的教育，与其说是教育，不如说是持续性的污染，实施者或许是出于好心，但他们肯定是目光短浅者。

青年教师也许会问我，那怎么办？如果你还想坚持自己的教育理想，而不愿放弃之，那我劝你，一定要迈小步，不要立刻放松，而要逐步放松。另外你要想许多办法代替暴力手段，而且你必须耐心，逐渐地培养这些孩子的自尊、自信、自觉。这是一个相当艰苦的过程，并不比戒烟容易。

温和的管理方式一时行不通，其实是很正常的，要是畅行无阻，那倒奇了怪了。做个真正的教育改革者是很难的。你必须有教育理想，而且这个理想必须正确，这还不算，你还要有足够的毅力，不怕困难和挫折，不怕一时的业绩不佳，不怕周围人的误解，不怕领导的非议，这还不算，你还要有相当的智慧，能想出很多新办法落实你的理念，使你的业绩不致下滑到领导不满的程度。你想，这难不难？于是你就明白为什么许多青年教师毕业时豪情万丈，不久就“投降”了，这是可以理解的，我不主张责备他们，我只盼着有些“漏网之鱼”能坚持下来。教育改革的希望，寄托在后者身上。

65. 你手里是否只有一把锤子？

一位心理学家说，如果你手里只有一把锤子，你就会把一切都当成钉子。确实如此。许多老师惯于用某些简单化的办法来工作，其实是因为他们只会这样一些方法，不会其他方法。他们有时候也承认存在其他方法，但接着就说："我的学生特殊，他们只吃这一套。"然后就继续挥舞他的锤子。当人们被某种习惯思维和习惯动作控制的时候，自己往往浑然不觉，他不会承认自己放不下手里的锤子，却总强调眼前都是钉子。他学别人的经验时，姿态也很有趣：手里拿着锤子，不换工具，却急于问别人如何挖土。人家告诉他怎么挖，他就拿锤子当铁锨用，自然挖不上来，于是他就说："什么先进经验，不过如此！"或者说："我们这里土质太硬，用人家的办法挖不上土来！"

因此，我劝青年教师经常回头审视一下自己手里握的是何种武器，经常检视一下口袋里有多少种备用的武器，自己是否使用过它们。据我所知，教师常用的影响学生的手段（武器）起码有10种以上。如：规章制度、评比、批评、惩罚、说服、表扬、榜样、集体舆论、师爱、威信、心理检测和治疗，等等。何时用何种武器，哪个学生、哪种情况适用哪种武器，何时需要几种武器搭配使用，如何搭配，这里学问大极了，奥妙无穷。这样思考问题，你才像一个专业教育人员，而不是一个流水线上的操作工。

这还不算。经验告诉我们，即使你库中武器齐全，即使你知道何时该选用何种武器，即使你也善于把这些武器搭配使用，能打出"组合拳"，那也还有一个"武艺"高低的问题。同样耍大刀，你要不过关云长；同样舞铜锤，你舞不过岳飞，所以千万不要认为用对了武器就一定能成功。批评这个武器每个教师都用(这是一把锤子)，但真正用得好的并不多，我们常见的是乱砸一气。

静下心来思考这些问题，你会发现教育其实是一件非常复杂、非常辩证的事情，然后你再抬头四顾，则会发现人们往往把教育简单化、粗劣化到了惊人的程度，弄得它只剩下了干巴巴的几根筋。许多人就靠几个习惯动作，居然也能取得一些成绩，而且一直支撑到退休。你也许会问：何以能这样？我告诉你，这是因为他的工作对象是小孩。对于孩子，教师有些权力优势、年龄优势、知识优势、社会经验优势和身体优势，他其实主要是靠这些优势“压住”了孩子，如此而已。这样的老师往往一碰到特殊学生就技穷了，因为特殊学生的主要特点是不惧怕或不理睬这些优势，压不下去，需要智取。在这个意义上可以说，问题生是教师专业水平的试金石。所以我希望青年教师不要惧怕问题生，不要躲避问题生，而要把他们当成一面面镜子。他们能照出你手里挥舞的是何种武器，还能检测出你的武功水平，促使你提高专业水平。

66. 学生其实希望教师严格要求

学生们讨论的最后一个主题是，教师有必要“建立并执行规章制度”。学生们用几种方式表达了这种意见：“教师必须有很强的权威性”、“教师必须告诉孩子们他们有什么期待，不要三番两次地强调”、“教师要表现出力量”、“教师需要严格（但不是苛刻）”、“教师要成为有控制能力的人”。这些回答清晰地传达出学生对这样的老师缺乏尊敬：太纵容学生的老师，“太胆小，不愿承担责任”的教师，“那些让孩子们凌驾于他们之上”的教师。

（卡罗尔·西蒙·温斯坦. 中学课堂管理［M］. 田庆轩，译. 2版. 上海：华东师范大学出版社，2006：19.）

请注意，这是美国学生对教师的要求。如果不加说明，可能很多人会以为这是中国学生说的话。事实告诉我们，那些认为在美国学校学生想干什么就干什么的传言是不正确的。美国的课堂一样需要纪律，而且不光教师需要，学生也有这种需要。我看全世界都是如此，没有什么地方学生会敬重那些“管不住学生”的老师。因此，借口“民主、自由、尊重学生”在课堂上搞自由放任主义，并不是“新思维”，而是错误的教育理念。

同样道理，许多老师总是责备学生根本不想遵守纪律，只想任性胡作非为，根本不愿被限制、只想放纵自我，这基本上是个冤案，冤枉学生了。类似的调查我也在学生中做过多次，中国的绝大多数学生和美国学生意见一样，都希望老师“严一点”。

但这有些令人费解：为什么学生们希望老师对学生有所限制，而在行动中却常常抗拒教师的限制措施呢？

如果教师只会盯着学生看，这个问题他永远也想不明白，他只会认定学生是两面派；如果他能省察自我，有点反思意识，情况就另一样了。

据我的观察和分析，学生抗拒教师的限制措施，责任常常并不只在学生一方。教师如果有以下毛病，学生就可能抗拒：

（1）要求不合理。

（2）要求不稳定（朝令夕改）。

（3）要求不明确（无所适从）。

（4）管得太多（经常出台“土政策”）。

（5）管得不是地方（该管的地方不管，不该管的地方瞎管）。

（6）管得不公平（看人下菜碟）。

（7）管的态度不对。

（8）管的方法不对。

也就是说，其实学生抗拒的往往不是限制本身，而是限制的方式。但是教师往往把学生的抗拒都说成对纪律本身的抗拒，对所有限制的抗拒，这样一来，他就把责任全推给学生，用不着反思自我了。我相信，而且我试验过，教师如果不犯或少犯上述错误，学生对限制是很容易接受的，如此仍然和教师作对的学生是极个别的。

人性有一种弱点，喜欢推卸责任。在师生关系中，教师把责任推给学生的现象非常普遍，因为教师掌握着话语权，学生没有说话的份儿。这里附带说说，如果教师"常有理"，从不反思自我，永远是学生不对，那么有个别学生就会沿着同样的思维方式走向另一个极端，他就真的抗拒一切限制了。所以，无法无天的学生，往往是不讲道理的家长和"一贯正确"的教师合作塑造出来的。

因此我建议，每当学生不服管教的时候，教师一方面要诊断学生的问题，另一方面千万不要忘记诊断自己的问题，否则解决不了。如果一个班级不服管教的学生达到或超过了五分之一，那我敢肯定，主要问题是在教师方面。这种时候，要解决问题，必须从教师自身突破。

67. 限制使用"你应该"

最近当我的女儿来看我的时候，我不断地对她说，她应该剪头发了，她应该给学生上这样一堂课，她应该……她应该……结果她以一种最机智的方式委婉地建议我尝试着不要频繁使用"你应该"

这样的话。我女儿不会直接和学生说他应该这样写，相反她会说："你有没有想过用其他的方式写呢？"或者"你或许可以试试这样写。"运用这条策略就是将选择的权力赋予了学生。

（顺便提一句，我问女儿她是否"考虑"换个短点的发型，结果她的头发还是那么长。这条策略的效果也就仅此而已。）

（雷内·罗森布拉姆—洛登．你必须去学校，因为你是教师——250条使你的工作变得轻松愉悦的课堂管理策略［M］．郑丹丹，译．北京：中国轻工业出版社，2008：82.）

请注意，"应该"是道德语言、行政语言，而不是科学语言。科学家不说"应该"，因为"应该"这个词反映的是说话者的主观愿望。对科学家来说，今天下雨，明天日食，都谈不到"应该"与"不应该"，这是客观事实，你得先接纳它，才可能研究它。所以我们可以有把握地说，一位教师如果满脑子都是"应该"，他肯定离教育科学越来越远，他会逐渐变成一个只会发号施令的人，而研究问题的能力则会日渐退化。

"应该"是指挥性的语言，而不是指导性的语言，更不是引导性的语言，它是封闭的。这种语言明显地藏有不平等的信息，弱化对方的主体性。所以，限制使用"应该"这个词，对提高教师的专业水平很必要。建议每个教师都自觉地尽量减少这种表达方式。

我曾经多次做过这方面的实验。比如学生动手打人，你可以说："你不应该打人，你应该与同学团结友爱。"但你也可以说："咱们来想想办法，看看不用动手能不能解决你的问题。"这两种说法都是允许的，但后一种表达方式效果往往较好，因为它可以减少师生对抗的危险，而且把学生的思路引向研究问题、拿出对策，容易使学生平静下来。

但是也要指出，道德语言、行政语言在教育中不可或缺。限制使用不等于禁用。"应该"这个词，该用的时候还是要用的，因为有些事情就是需要斩钉截铁，而有的学生偏就吃这一套。

68. 可否搞个“无批评日”或“无批评周”？

有很多事情，如果你还没有试过，就不要轻易说“不行”。批评可能是许多教师最常用的当家武器了，不用它行吗？你也可以试试。这种实验的最大好处是迫使你放下最顺手的武器，你不得不另找出路，于是就会“逼”出你的进步，逼着你打破思维定势，让你想僵化也僵化不成。

不用批评，学生出了问题如何应对？难道束手不管吗？你还别说，你真可以试试对有些事情束手不管。也许你会发现，很多事不去管也没什么了不起，于是你就明白了，自己原来可能是太“事儿妈”了，太琐碎了，“负责任”过头了。这你不就进步了吗？你不就“低碳”了吗？当然，不能什么都不管，有些事肯定你要过问，可是又不能批评，怎么办？据我自己的经验，很多批评都可以改为提醒，效果并不差，说不定会更好。还有的，可以改成讨论、商量。比如学生不完成作业，可以和他讨论一下，问题在哪里，有没有办法解决。这样做，有时效果也很好，甚至可以把本来你要批评的事情改成表扬，这听起来有点古怪，但你细琢磨，是可能的，此法用好了或有奇效。

你可以先搞一个“无批评日”，自己打定主意哪一天实施就行了，不一定公布。如果发现有点意思，还可以拓展，搞成“无批评周”甚至“无批评月”。当然，很可能因为学生问题过于严重，或者你“批评瘾”（批评上瘾是教师的职业病之一）发作不能自控，致使“无批评日”或“无批评周”半途而废，这也没关系，不要沮丧。只要你的批评比原来减少了一些，而班级并没有弄坏，那就是成绩。过几天你可以再试。我的一贯主张是小步推进，情况不对我就退回来，养精蓄锐下次再上。有这样的韧性，始足以谈教育改革。

我提“无批评日”的建议，希望青年教师不要误以为我对批评这种教育方式持完全否定的态度，不是这样。批评永远是一种重要的教育方法，不应该也不可能废除，问题在于现在这种方法用得太多太滥太刻板，弄得它声名狼藉。语曰：乃知兵者为凶器，圣人不得已而用之。我个人的想法是，批评这种办法，在教育的诸多方法中，属于“凶器”一类（因为没有人爱听批评），能不用就不用，这样，一旦你不得不用的时候，效果反而更佳。不信各位可以试试。

69. 学会从总体上、战略上评价学生

我们班的五年级学生自己设计了一份只有三个问题的阅读测验。据他们表示，这份阅读能力测验卷的结果比那些专业人员设计的更准确。

1. 你是否曾因为老师教得很无聊又很想看完手上正看到一半的书，而在上课时偷看藏在桌子底下的书？

2. 你是否曾因为边吃饭边看书而被骂？

3. 你是否曾在睡觉时偷偷躲在棉被下看书？

学生和我一起哈哈大笑，这真是个可爱而有趣的测验卷。凡是以上三个问题都答“是”的孩子，注定一辈子爱看书。

（雷夫·艾斯奎斯．第56号教室的奇迹：让孩子变成爱学习的天使 [M]．卞娜娜，译．北京：中国城市出版社，2009：44－45.）

上课不听讲，偷看课外书，这是不是违反课堂常规？这对教师

尊重吗？吃饭看书，睡觉看书，对孩子的身体健康不是有害的吗？身为教师，对这些行为本应加以纠正，怎么反而默认甚至加以赞扬呢？我这么说，义正词严。但是这样一来，我就马上进入庸人的行列了。庸人不是不讲理的人，庸人很讲理，甚至可以说太讲理了。可惜他们讲的是非常肤浅的、非常死板的、只有一个维度的道理，他们只会从一个角度看问题，而世界上的事情必须从不同角度来观察，才能看得更清楚。有些缺点，换个角度看可能就是优点。为什么有些学生，教师认为他们很完美，结果他们长大却没有什么出息呢？因为他们只是从某个角度看是完美的，换个角度看甚至很差劲。比如有些好学生，上课从来没有偷看过课外书，吃饭从来没看过书，睡觉时从来不看书，甚至除了课本之外很少看课外书，这在有些教师和家长的心目中是最理想的好孩子，其实这种学生难免浅薄。

一个真正的优秀教师，应该学会从总体上、战略上评价学生的行为，不能孤立地静止地僵硬地判定某个行为的好坏。当然，如果一个学生上课看课外书，教师也会加以提醒或制止，但是他会把此事放在这个学生整体的行为背景上来观察，这个学生看的是什么书，为什么要看，这个学生整体上有没有阅读的习惯，等等，再来决定对策，而不是单纯和这个具体的行为较劲。雷夫老师认为，凡是对上述测验的三个题目都做肯定答复的人，"注定一辈子爱看书"，这说得未免绝对了一点，但是据我自己的经验，反过来说是成立的，也就是说，我见到的终生爱看书的人，几乎没有一个不犯上面三种毛病的，我就是一个。我的毛病还要多。什么叫热爱？热爱就是要突破常规，完全循规蹈矩的行为，不可能是热爱，最多只是"凉爱"。

可是恕我直言，我们现在的学校管理，我们的非常琐碎的检查评比，其目标正是强化学生循规蹈矩的品格，其结果是，在纠正了学生一些零碎的缺点的同时，也扑灭了他们的大爱，对智慧的爱，对创造的爱。我们不容忍小毛病，却容忍大缺点，就是因为教育者见不及此。许多教师对学生是否一辈子爱读书并不在意，他们真正关心的只是近在眼前的分数。

70. 用大尺度衡量自己的工作效果

正要写一篇关于大尺度的建议，恰好 coolcatcafe 老师发来一个学画苹果的例子。

说有三位老师教学生画苹果。第一位老师提着一篮苹果走进教室，让学生每人上去拿了一个，看，摸，闻，吃。然后布置作业，把苹果画下来，回去给爸爸妈妈看。学生凭印象画出苹果。第一次可能像南瓜，第二次可能像梨，第三次才画得有点像苹果。第二位老师拿着一个苹果走进教室，让学生看一看，闻一闻，摸一摸，然后把苹果放在讲台高处让学生画，学生边画边看。第一次画得可能像梨，第二次就有点像苹果了。第三位老师拿着红白两支粉笔走进教室，对学生说，这节课，我们要学习画苹果，请大家认真观察，仔细模仿，先看我怎样画的，注意，先画一个正方形，注意，这个正方形要画得轻一些，因为最后要擦掉；然后找出几个点来，连起一个弧形；上面再画一个苹果枝；最后，我们将外面的方形擦掉。好了。老师画完了。大家看像不像苹果？很好，现在请大家拿出本子开始画。学生一次就画出了最像的苹果。

这个案例来自一本书——《怎样成为一名优秀英语老师》，原文说第一位老师是美国教师，第二位是日本教师，第三位是中国教师。我觉得这三种教师恐怕美国日本中国都会有，差别只是比例不同，而且问题的关键不在于他是哪国人，而在于谁的教育理念更正确。恐怕我们得承认，第一位老师的教育理念更正确。但是很显然，他的办法见效比较慢，这是一种“输在起点”的教育策略，和我们这里急赤白脸的“赢在起点”的思路正好相反。

这里就涉及对教育本质的认识了。教育是慢功还是急活？教育是慢功，因为教育的本质是帮助学生成长，而成长决不是一朝一夕的事情。我们有许多教师，总是这样责备学生：我昨天指出你的毛病来了，你也诚恳地承认了错误，今天你为什么还犯？你的觉悟哪里去了？你的诚信哪里去了？我的一片爱心被你扔到哪里去了？愚以为这样的想法是比较外行的。想立竿见影地纠正学生的某种旧习惯，或者想三天两早晨让学生建立某种新习惯，都是很可笑的，这不符合习惯本身的发展规律。据有人研究，一种新的习惯建立，需要100天左右，那么克服某种习惯，也同样需要一段时间，怎么能如此着急呢？他昨天犯了错误，挨了批评，心里也想改，无奈行为已经自动化了，很自然地就会重复，这时候你加大批评力度，只能使他沮丧、焦虑、灰心，甚至破罐破摔。这类情况很多。因此，我劝青年教师耐心一点，宽容一点，学会“轻轻推一推，耐心等一等”。学生有点进步就好，积少成多，过一段时间回头看，进步可能就比较大了。切忌总嫌学生进步小，还美其名曰“恨铁不成钢”，一盆冷水就把孩子的进步热情泼灭了。也就是说，看一个学生是否进步了，要用大尺度，不要用小尺度。我拿这个月和上个月比，而不轻易拿本周和上周比，更不轻易拿今天和昨天比。我昨天批评了某个学生，今天他又犯了，没关系，我提醒他一下，我不认为他是成心和我过不去，他有他的苦衷。一个月以后算总账，如果他整体上比上个月强，那就是成功。我的经验，这样大尺度衡量，不但教育的实效更好一些，而且有利于教师的心理健康，少生很多气。见错就管，一触即跳，气鼓气鼓越敲越鼓，一看就不像个智者。

你也许会说：我可以不急，我可以大尺度衡量学生，可是校领导每天催命，动不动就拿评比说事，而评比是每天公布成绩的，我有什么办法？这是领导的急功近利，这是他的浮躁，也是他的教育理念有毛病。但是只要你自己气定神闲，脸皮不要太薄，坚持自己的做法，到期末算总账的时候，可能你的成绩并不差。领导批评完你，就去批评别人了，他不会总跟你没完，除非对你有了成见。你先忍一忍。古人云：小不忍则乱大谋。到期末总结时，如果领导发现你的学生总的情况还不错（注意，尤其是学习成绩和竞赛成绩要说得过去），他就不会再认定你的耐心宽容是“不负责任”了。据我观察，领导多是实用主义者，他们一般并没有清晰坚定的教育理念，你只要能出成绩，他不在乎你的理念是大尺度还是小尺度。

71. 争取每周说出一句“标志性语言”

我们听报告都有这样的经验。有时候，校长要求你必须做记录。你记呀，记呀，之后却全忘了。也有的时候，没要求你记，你也根本没有想记，可是作报告的人有的话，你却怎么也忘不了，遇见什么事就想起这句话来了。无心插柳柳成荫。如果一个报告能使你在不知不觉中记住了一个或几个有用的观点，那就证明作报告人有点水平，这种东西越多，那人水平越高。强扭的瓜儿不甜，死记的东西爱忘。教师对学生讲话也是如此，总是强迫学生记住自己的话，生怕他们记不住，这说明教师对自己的水平缺乏信心。有个成语叫“耳提面命”，说的是一种诚恳教诲的态度。其实细想起来，教育弄到了必须“耳提之，面命之”的程度，已经够“杯具”了，说明被教育者很不情愿接受教导，只好揪着耳朵往里灌。

我留心过许多老师的日常用语，发现其主要特点是缺乏新意，枯燥无味，不但内容是老生常谈，用词造句也多属陈词滥调，学生听得烦死了，教师自己也提不起兴致。这对于师生都是精神折磨。其实即使是批评学生的话，如果能说出点新词，学生精神也能为之一振。我们能不能把自己的语言弄得精辟一点，丰富一点，鲜活一点，幽默一点？每星期说出一句让学生难忘的话，说出一句能代表你水平的“标志性语言”，行不行？做不到，那就每月说一句，行不行？你可以经常到学生中去询问，看看你说的话有哪些给学生留下了深刻印象，也可以托关系比较好的学生帮你私下询问。这也是一种专业水平的自我检测。

有些教师搜罗一些名人名言，通过自己的口讲出来，给学生印象深刻，这也是个办法，但是一定要新颖，最好不是学生早已知道的，但最好还是自创的、通过自身的感悟总结出来的人生道理或者学习经验。如果你差不多每周都能给学生贡献一两句对他们确有启迪的话语，学生就不大可能木然地听你讲话了，因为他有收获。语言能力对于教师极其重要，简直可以说是教师的安身立命之本，可是我发现很少有教师在这上面下苦功夫、真功夫，教师的发言往往令人困倦甚至令人生厌。

我这只是一个建议，我希望青年朋友不要像完成任务一样，每星期勉强造出一句格言来，那就成形式主义了。我的意思只是说，作为教师，我们说话总要有点水平，而所谓“标志性语言”，往往能代表教师的语言水平。

72．鼓励学生说出自己的真实感受

1999年8月，我在河北省某城市主持了一个素质教育培训班，一箭三雕，在活动中同时培训教师、家长和孩子，共10天。培训班结束后，一位老师在总结发言中说："在这次培训班上，我听到了许多以前我在学校里听不到的话。我以前在学校听到的许多学生的话都是假话。比如我放学把一个学习成绩差的学生留下来，劝他一定要完成作业。他保证说：'老师，我明天一定完成作业！'结果第二天他还是没交作业，他的保证只是为了过关。他还不如老老实实地说：'老师，我不爱写作业！'我再想别的办法。"

我很赞成这位老师的话。我们应该鼓励孩子说出自己的真实感受，这样才能对症下药。如果我们只是迫使学生说老师爱听的话，那实际上不是在解决问题，而是在掩盖问题、远离问题。很多教师都喜欢让学生写检查、写保证书，这些东西正面作用不大，负面作用却不小，这往往是一种"说假话"的单项练习，写一次，练习一次。有的孩子从小学一直写到高中，则他们说谎话的本领或许达到大师级了。有趣的是，很多教师明白写检查没有用，还要这样做，为什么？因为他不会别的方法，这是"没有办法的办法"，"聊胜于无"。还有一个原因是，学生在检查中"诚恳"认错，在保证书中信誓旦旦，至少眼前能使教师得点心理安慰，就是为了这点安慰，许多教师宁可让学生撒谎。这种教师是把学生的谎话当"安慰剂"药片来吃了。

真话常常比谎话难听，但它的好处是使你无法欺骗自己，无法躲避问题。学生谎称自己下次保证完成作业，你就不必再动脑筋分析了，等着下次就行了。如果学生直说："我不爱写作业。"你就只好进一步研究他为什么不爱写，这是很麻烦的一件事，原因有多种，你要具体分析，然后对症下药。可见，学生实话实说才能逼着教师动脑筋研究问题。青年教师如果想不断提高自己的专业水平，就一定要鼓励学生说真话。如何引导学生说真话？办法很简单，你耐心听下去，别急于批评就行了。学生看到说实话没有带来灾难，慢慢就敞开心扉了。尽量少让学生写那些劳什子检查和保证书，那些形式主义的东西的最大受害者其实是教师自己。我基本上敢保证，学生写的检查和保证书越多，教师的专业水平越低。教师专业水平低而求助于写检查写保证书，而老让学生写这类东西肯定会钝化教师的思维能力（命令学生写检查，无须教师有什么智慧），这是恶性循环。

73. 试试改一改“习惯动作”

如果你注意观察周围老师的教育行为，如果你仔细体察自己的教育行为，你会发现大家都会反复使用同样的做法（包括语言）应对类似的情境。比如学生上课说话，教师会用某种办法制止；学生吵架，教师会用某种程序解决；班里丢了东西，教师会用某种方式在全班训话，等等。这些做法都已经程式化了，自动化了，我把它称为“习惯动作”。

习惯动作自有其道理，自有其正面作用。正是这些习惯动作，支撑着教师的日常工作。然而这些习惯动作是一把双刃剑，它在帮助教师的同时，也束缚着教师的思想，抵制改革和创新。因此，我建议青年教师在保证大局稳定的前提下，不时对这些习惯动作搞点“挑战”，偏不这么做，看看结果如何。这是很有意思的事情，也可以算小小的科学实验。

多年前，我有个同事，遇到了一个很难缠的学生（初中学生）。他使出了浑身解数，没有效果。筋疲力尽之后，他只好偃旗息鼓，什么也不做了，无论这个孩子如何挑衅，他死活不回应。过了一段时间，这个孩子绷不住了，对同学说："这个老师，说什么也不理我。我真拿他没办法。"教师万没想到"无所作为"反而有了作为。这是很值得重视的经验，实际上这是教师改变了"习惯动作"的结果。但他的这种改变是被动的，其效果也是"无心插柳柳成荫"。我希望青年教师把被动改变转化成主动的改变、有意的实验。比如我每次遇到一类事情都要当众表扬，我就偏不表扬一回，看看会有何结果；每次批评某类现象我第一句话都是这样说，今天我就试试偏不这样说，看看到底会如何。有人会问：这不是成心和自己作对吗？不是。这不是和自己作对，而是和自己的习惯作对，其目的恰好是"超越自我"。我当年做中学教师的时候，仅用这种方法就学到了很多东西。别人的新鲜做法，也可以拿来试试，但更主要的是靠自己动脑筋。

但是请注意，千万不要以为你一改变就肯定有好的结果，那可未必。很可能你换了方法事情更糟了，但这不也是收获吗？谁要是以为科学实验必定每次成功，那他未免太外行了。不要怕失败，科研成果从来都是失败堆积而成的。有人可能会说，我承受不起失败。你要是完全没有承受力，当然可以不搞这些实验，但是你全靠习惯动作，也并不能保证远离失败，而且我基本上可以保证你的专业水平会停滞不前，失败是早晚的事。当然，为了避免大的挫折，这类实验最好在局部进行，逐步推进，不具备相当条件，不要轻易搞大的动作。如果你们学校整个气氛比较保守沉闷，这种事连说都不要说，自己默默探索就是了。别忘了做记录，无论成功失败都要详细记录在案。这种记录，在专业方面比很多所谓"随笔"要重要得多。

74. 把工作重心向前移

今天收到一个邮件，来信的是一位新上任的初一年级组长。该年级来了三个新生，小学同班，两个男生一个女生（我们称之为A、B、C好了）。两位男生A、B一直和女生C有矛盾，互相侮辱谩骂对方，三个学生的家长也经常被叫到学校处理问题。没想到三个人到初中后都进入了同一所中学，有两个（A、C）还分到了一个班，可谓冤家路窄！这个班的班主任是刚分配来的大学生。开学第一周，A和C就经常发生口角。这位女生看似文静，但表现很差，开学初就经常迟到，上课看小说，不认真听讲，班主任和周围同学反映她经常说难听的话侮辱A，A也不示弱。这一天，C在纸条上辱骂B，A知道后转告了B，B找C问，有这事吗？C说有，结果B就踢了C屁股一下，C还了B一脚，就跑了。C回家立即告知父母，父母一同来到学校。班主任把女生开学初种种不良表现告知家长，家长不当回事，只说他踢我们孩子了，要求学校给处分。班主任应付不了，把另外两位家长也请来，结果三个家长一见面就像见了冤家似的。政教主任也从中协调，女生家长还是不依不饶。最后决定，三个孩子分别回家写保证，如若再犯，一定严惩。有趣的是，这几个孩子在年级组长办公室写事情经过，年级组长批评两个男生时，那个女生一直在偷着笑。到政教处后，家长都来了，三个学生还在外面时不时聊天，尤其那个女生，和没事人一样。处理这件事，一直闹到晚上7点半，班主任和年级组长都口干舌燥，筋疲力尽。这位年级组长问我：如果是您，会怎么处理？

我是这样答复的：解决这个问题，有三个节点，①别让三个孩子打起来，②打起来也别告诉家长，③家长知道了也别来学校闹。我建议在上游做文章，对这位女孩的家长不要抱太大希望。

先说第一个节点。我怀疑这几个孩子闹意见有游戏的性质，甚至有可能是前青春期的症状，实际上他们是用这种方式满足自己接触异性的心理需求。最好让班主任仔细调查一下，这几个人中谁挑事最积极。如果是某个男生，要批评和警告他。也有可能是这个女生，我看有点像她。如果是这样，要告诉她，你这样会毁掉自己的女孩形象，以后男生就都不敢理你了，或许她能有所收敛。关于第二个节点，要了解谁最爱告家长，然后告诉他，小事告家长，同学会说你是长不大的小屁孩,说你没出息。班主任也要在班上进行“你们已经长大了，不是小孩了”的教育。总之争取把事情消弥在开头，若弄到家长来学校闹事，那就被动了。

我把这个案例写进给青年教师的建议，是想告诉青年教师，要把工作重点向前移，力争在事情没有闹大的时候解决掉。这就必须研究它的性质和发生机制、流程，找到几个能够刹车的关键点。可以想象，下次若再出现类似事情，家长只能闹得更欢，即使给了某个学生处分，问题也难以去根。其实明智的家长这么点事是不必介入的，但是你无法要求家长都是明白人，所以解决这种问题必须在上游做文章。班主任是青年教师，他恐怕没有处理这种事的经验。这不怕。遇到事情先做初步处理，必要时向领导求援，暂时把事情平息下来是当务之急，但当务之急不等于工作的重点。千万不要到此为止，否则下次还得重来一遍。新教师后面要做的是不断反思这件事，顺流而上，追根溯源，在上游做文章，力争不让这个节目重演。

75. 重视细节要适度

近年有一句流行语：细节决定成败。很多人都相信这句话。愚以为这句话不可机械理解，也不可绝对化，事实上细节只在少数情况下决定成败，在多数情况与成败没有什么关系。有时候，注重细节反而有害。

我国古代有个著名的九方皋相马的故事。相马圣手伯乐向秦穆公推荐九方皋，说此人相马的本领不在我之下。秦穆公于是派九方皋去寻千里马。三个月后，九方皋回复秦穆公，说找到了。秦穆公问他："什么样的马呀？"九方皋回答："母马，毛色纯黄。"等马牵来，秦穆公一看，是一匹公马，且毛色纯黑，完全对不上号。秦穆公很不高兴，对伯乐说："你推荐的这是什么人呀，连马的毛色和公母都分不清！"没想到伯乐却说："九方皋相马的本事已经达到了如此境界了吗？超过我千百倍了！九方皋看到的只是马的内在素质，至于它的毛色是黄是黑，是公是母，是完全可以不予考虑的。"经鉴定，那马果然是一匹无与伦比的千里马。（见《列子·说符》）

这个故事几乎是专门与"细节决定成败"的理论唱反调的。我想，两种意见其实都有一定的道理，问题在于具体情况。比如一位将军，上战场之前吃的那顿饭，用的什么颜色的筷子，这个细节对于这场战斗的成败就毫无影响。但是，如果这筷子的颜色恰好使他想起了亡妻，因而情绪不稳，方寸大乱，指挥失误，打了败仗。如此筷子颜色这个不起眼的细节就有了决定成败的意义了。可见，并不是哪个细节都能决定成败，决定成败的，是那种与战略问题、关键环节相关联的细节。

回到教育上来。比如上一则谈到的三个孩子打架，家长卷进来，其中有个细节，我就觉得很重要。本来三位家长都像仇人似的，三个孩子也是老冤家了，处理他们打架的时候，他们却还能若无其事地聊天。这不合逻辑。我因此猜测，这三位的打架，可能有游戏心态，或者干脆就是“有这爱好”，这就有可能是用此种特殊方式与异性“套近乎”。此细节就可能是通向他们心灵的一个线索，不可放过。我的经验，出教师意料之外的细节，往往都比较重要。

不重视细节是一种缺点，过分注重细节也是一种缺点。这两种缺点，在教师中，哪一种是主要危险呢？据我观察，后者一般是主要危险。我们很多教师的工作太细碎了，常常被细节淹没。这可能与学校女老师多也有关系，女性思维比较注重细节，不怎么善于“抓大放小”。这同时也是个精力分配问题，过分注重细节的人，往往也就没有精力关注战略问题了。我们赞扬智者，有时会说他们“大事不糊涂”，弦外之音就是“小事糊涂点没关系”。人考虑关键问题比较多，用在琐碎细节上的工夫自然少了。

我劝青年教师不要把自己的思想搞得太细碎，要学会对于大事情进行战略性思考，学会高瞻远瞩。有了这种眼光和见识，才能真正捕捉到“含金量”高的细节，否则就只能在所谓“精细化管理”的漩涡中打转了。

76.“亮相”演说不必“豪华”

开学了，青年教师可能会接新班，有的甚至是首次正式走上讲台，于是遇到了一个问题：第一次对学生演说，该说什么？

我发现很多教师，尤其是青年教师，对此煞费苦心。我见过一些这类的演说。有的侧重拉拢感情，说好多煽情的话，和学生套近乎；有的侧重励志，说好多豪言壮语，鼓励学生往前冲；有的侧重发威风，话语里暗示学生，这是本人的“一亩三分地”，你既然给我当学生，就得听我的，否则……有的侧重宣布各种规矩，希望学生进这个班行为就中规中矩；也有的侧重展示自我，免不了把自己的才华和以前的业绩吹嘘一番……

我发现这些演说有几个共同点。第一，差不多都是教师以自我为中心。也就是说，教师说的话，虽然针对学生，但都是教师自己的想法。宣布的是教师的“政纲”，抒发的是教师的感情，至于学生新来这个班有哪些希望，哪些活的思想，教师很少顾及。教师是从自己出发，而不是从学生情况出发讲话的。第二，这些演说差不多都比较长，有点像“咏叹调”，引吭高歌，声情并茂。学生是否领情，学生是否感动，这些话学生是否早就听过好多遍，学生是否觉得老师啰唆，不得而知。第三，教师显然对这类演说期望值甚高，甚至可能做过预演或试讲，内容和形式都比较华丽，一看就是包装过的。好的开始是成功的一半。可能发表演说的老师多怀着这种期望：我这一通侃，反正要把你们侃晕，或者迷倒一片，或者吓倒一片，以后的事情就好办了。

我劝青年教师最好不要学这些榜样。这是一种浮躁。

亮相演说没有那么大作用，不要对它期望值过高。路遥知马力，日久见人心。学生对老师的印象，主要靠长期浸染，而不是“一见钟情”。“一见钟情”即使在恋爱这件事上，也属于极少数，多数人不会那么傻。因此初次见面给学生留下什么印象，教师给予适当重视就可以了，不必太在意。事实上初次见面学生对教师印象太好未必是好事，以后若越来越失望，反而更糟。歌曰：冷水泡茶慢慢浓。这才是可持续发展。再说，首次见面就哇啦哇啦说一大篇，给学生的感觉也未必好。高年级的学生可能会觉得老师在说套话（事实上我见到的这类演说都缺乏新意，远没有电视剧里的台词吸引人），低年级的孩子则会觉得这老师太贫，碰到这样的老师耳朵可倒霉了。

所以我建议青年教师们把这种演说搞得朴实一点，短一点。可以做个简单的自我介绍，可以简单介绍一下本班和本年级的情况，也可以提点眼前必须注意的要求（不要太多）。这就行了。如果想多说一点，可以结合学生进入这个班的心态做一些工作。比如有的孩子害怕；有的孩子灰心；有的孩子想大干一场；有的孩子想“重新做人”，却担心老师翻他的旧账；有的孩子一心想当班干部，不知这次有没有机会。教师可以谈谈这些，以便调动一切积极因素，让班集体早日形成凝聚力。如果新教师能力比较强，还可以索性把演说的时间大部分留给学生，让他们谈谈到新班级的打算和困惑，那样效果可能更好。总之，教师要把初次见面看做一个师生互相了解的机会，而不是简单的“宣传和贯彻我的意图”的讲坛和教师自我表演的机会。要让教育回归真诚、朴素的交流。

Yanghaijian（K12班风小论坛，发表于2011-09-06　10:16）

王老师，请说一说这位老师（名校长）第一次和新生见面时的“亮相”。

我认为这位老师从学生身边的话题谈起，贴近学生生活，幽默风趣，同时把自己想说的话引导学生说出，这比老师直接说教效果好多了。

今天，是初一新生报名的日子。

我应邀担任胡鉴老师所教的初一（20）班副班主任。今天我去班上见学生。

我一进去，孩子们的掌声就响起了。我看着大家一个个黑乎乎的，便问：“你们怎么那么黑呀？”

大家说：“太阳晒的。”

我问：“你们怎么没事去晒太阳呢？还晒得这么黑！”

大家笑了：“军训啊！”

“哦！”我故作恍然大悟，“那么，这黑黑的皮肤就是你们军训的收获了！”

大家哈哈大笑。

我接着问：“军训一周，除了收获黑皮肤，还收获了什么啊？”

孩子们纷纷举手。

我抽了一个孩子起来说。她说：“吃苦精神。”

我追问：“吃苦表现在哪些方面呢？”

同学们说：“不怕累！”“不怕热！”“坚持训练！”

我说：“嗯，是的。这些都是吃苦。”

我又问：“除了军训，还有哪些方面可以体现出吃苦精神呢？”

大家又开始七嘴八舌：“认真上课！”“还有认真完成作业，不怕困难。”“打扫教室卫生不怕脏不怕累！”……

“嗯，说得好！”我说，“还有在家里的表现，比如不挑食，对了，我问问大家，你们平时哪些食物不喜欢吃啊？”

同学们说：“苦瓜！”“鸡蛋！”……

我说：“吃什么不吃什么，不能根据你喜欢不喜欢，而应该根据身体需要。吃自己不喜欢但有营养的食物也是吃苦。从今天起，回家吃饭，不许挑食！”

我接着说：“还有，帮爸爸妈妈分担家务，也是不怕吃苦的表现。有没有同学会做饭会炒菜啊？”

好几个孩子举手了。

我随便抽了几位。有的说会炒蕹菜，有的说会西红柿煎蛋，有的说会烧排骨……

我说："好，希望我以后有机会品尝你们炒的菜。"

同学们笑了。

我又说："我再调查一下，每天在家里饭后洗全家人的碗的同学举手！"

好多同学都把手举起来了。

我很高兴地表扬这些同学，并让他们站起来，叫全班同学为他们鼓掌。

我说："希望从今天起，每个同学在家里都能够坚持每天洗碗！好不好？"

同学们说："好！"

我继续说："吃苦还有一个含义，就是每天坚持不做自己非常想做却非常有害的事！大家想想，这样的事都有哪些？"

同学们马上说："上网！打电子游戏！"

"对！"我说，"其实，本来上网也好，打电子游戏也好，也没有什么。关键是你们这个年龄缺乏自控能力，很容易上瘾，而且不能自拔。好多同学们本来成绩很好，可因为沉溺于网络游戏，结果就成绩一落千丈！"

我说："一个人要进步很难很难，但要堕落则非常容易。堕落的方法有很多很多，这里给大家介绍两种。一种叫做快速堕落法，呵呵！"

同学们很好奇地看着我。

"怎样快速堕落呢？比如，学校大门对面有卖烧饼的，你冲过去抢一个烧饼就跑，马上警察就来把你抓住送进派出所。这不就快速堕落了吗？"

全班哈哈大笑。

我说："还有一种不知不觉舒舒服服堕落法，比如网络游戏，多么舒服，多么陶醉，"我表现出陶醉的样子，"啊，多幸福啊！但是，你已经堕落了！这就是不知不觉舒舒服服堕落法！"

同学们不笑了，若有所思。

我说："所以，大家一定不要迷恋网络，控制自己不要打电子游戏，这就是吃苦精神！"

同学们点头。我知道，尽管大家都懂这个道理，但真正要做到，并不是那么简单。我不会那么盲目乐观。

时间不多了，我说："我是你们的副班主任，以后每周都会给你们上课。最后我还要送你们一句话，这句话，其实不用我送，因为你们在军训时已经知道了，那就是我们的校训，让人们……"

同学们情不自禁跟着我大声读了出来——"因我的存在而感到幸福！"

离开同学们之前，我给大家唱了一首歌，就是三十年谷建芬给我谱的班歌《唱着歌儿向未来》——

"蓝天高，雁飞来；青青松树排成排，我们携手又并肩，唱着歌儿向未来……"

（摘自：K12中国中小学教育教学网）

Yanghaijian老师：

这个亮相演说更像师生对话，教师始终掌握着主导权，又不伤害学生的主体性。很有智慧。值得学习。

王晓春

2011年9月6日

77. 教师还是打扮得保守些为好

作为课堂里的权威，你必须稍稍拉开和学生之间的距离。要做到这一点，有一个方法就是注意打扮，打扮得像个专业人士会给你的课堂教学起个好头。这样一打扮传递的意思就是："我是教师，你们是学生。"有研究表明，如果教师外表看起来比较像个专业人士，那么关于纪律方面的策略就能够有效实施。一开始我并不相信这样的言论，直到有一天，我必须做有别于往常的打扮，以方便课后直接去别的地方的时候，我发现学生对我的反应竟然有了些不确定的变化，但至少可以肯定是积极的变化。……另外，要记住很多青少年会"暗恋"他们的老师，因此我要进一步告诉你，还是打扮得保守些为好。

（雷内•罗森布拉姆－洛登．你必须去学校，因为你是教师——250条使你的工作变得轻松愉悦的课堂管理策略 [M]．郑丹丹，译．北京：中国轻工业出版社，2008：5 － 6.）

这些话并无新意，但是由一位美国女教师说出，说服力可能就稍大一些。这个意思若直接由我老汉说出，恐怕我们那些新潮教师就可能嘲笑我"土老冒"，而我们的美女和美男子教师说不定还会怀疑我嫉妒他们的旺盛人气。

你打扮得像模特一样，当然可能吸引更多学生的眼球，但同时也分散了他们的注意力。若是他们中有人把持不住自己，陷入想入非非的不幸境地，恐怕你是要负些责任的。

爱美之心人皆有之，可以在双休日去实践，走进校园，最好"像个教师的样子"，否则，按我国国情，家长把学生交到你手里就不放心，尽管她自己可能涂着口红。

当然，教师的着装也可以“与时俱进”，并非越保守越好，但不能让教师领导服装和美容新潮流，那不是教师的专业。

78. 指导家庭教育是教师无奈的选择

按道理说，教育孩子的主体应该是家长，学校只是帮忙的。毕竟学校是“铁路警察——只管这一段”，而家庭教育则是全程的，而且教师像走马灯一样换，家长一般是稳定不变的。也就是说，就整体人格的影响来讲，家庭的作用一般比学校要大。所以人们对某人不满时，会讽刺他“缺家教”，而不会责备他“缺师教”。

我国的传统，教师是不介入家庭教育的。家长应该送来一个大致合格的孩子，我来教。“养不教，父之过；教不严，师之惰。”教育的主要担子明显是放在家长（尤其是父亲）肩上。所以，如今教师见到不像孩子样的学生就埋怨家长不负责任，这是有道理的。你家长有什么权利把一个基本习惯都不合格的孩子送到学校来？凭什么把家长应该完成的任务推给教师来完成？学校如果同时承担学校教育和家庭“再教育”的任务，教师还活不活？

然而说这话只能出出气，国家并没有办法责成家长切实履行职责，而义务教育法却把教师给管住了——什么学生你都得要，不管他合格不合格。没奈何，教师只好介入家庭教育，指导那些不会教育孩子的家长学会教育，否则单靠学校，教师更活不成了。

可见，指导家庭教育，对教师来说是无奈的选择。我写《做一个专业的班主任》一书时，谈到“班主任的角色要求”，就很犹豫要不要写上“家庭教育指导者”这个角色。最后还是写上了，虽然我明知道这是“增负”而不是“减负”。

问题是，指导家庭教育是社会工作者的工作，那是需要一套专业知识的。家庭教育学和学校教育学并非同一门学问，与家长打交道和与学生打交道也不是一回事。目前我们的教师很缺乏这种培训，因此多数教师与家长联系，无非是“告状”而已，其言行很少专业性，因此效果不佳，甚至造成家长与教师的对立。

据我看，至少在可预见的时间内，教师指导家庭教育的需要只可能增加，不会减少。如果学校不抓这方面的教师培训，又没有专门的社会工作者来做这件事，那么各种社会人员就会乘机填补这个“真空”，而且把此事当做市场来做。多如牛毛的家庭教育书籍，雨后春笋般冒出来的“家教专家”，就是这种形势的产物。鱼龙混杂，泥沙俱下。学校没有精力或者没有能力占领的阵地被别人拿下了。这当然也未必全是坏事，然而由此造成的家长思想的混乱和教育行为的摇摆，苦果却都要由教师来品尝。

第四部分

教学

79. 认识教育正规化的利与弊

学煮鸡蛋无须正规教育，学造原子弹就必须经过正规教育，推小车无须正规教育，开飞机就必须经过正规教育。为什么？因为后者远比前者要复杂。这就可见，教育从非正规走向正规，从完全与生活融合到一定程度上脱离生活，而且越离越远，这是历史发展的必然趋势，是一种进步。当然，事情有利就有弊，教育进步了，同时也就退步了，脱离生活了，枯燥了，而且孩子受教育时间越来越长，他们很难不厌学。可以想见，在远古非正规教育的时代，孩子厌学的可能性是很小的，因为学习就是生活，除非他厌世，否则他是不会厌学的。在这个意义上可以说，厌学乃是教育“进步”的产物。

这就告诉我们，要搞好正规的教育，特别是现代教育，一定要正视它脱离生活这个缺点，要尽可能减少这个缺点造成的危害，也就是说，要想办法使我们的教育教学尽可能贴近生活，让它亲切一点，有生气，避免变成死教条，这正是课程改革的一个重要任务。同时我们也要明白，既然抽象也好，枯燥也好，乃是教育正规化的必然结果，那我们就不要幻想彻底改变这种状况，除非你倒退回野蛮时代。我们躲不开抽象和一定程度的死板，必须面对它。所以，我们也就不要在课改中把“贴近生活”、“形象化教学”推向极端，否则它就违背了正规教学的基本特点了。比如语文课，如果用绝大部分时间看录像、讲故事，那倒是很“生活”，学生可能会欢呼，厌学现象会大为减少，但那还是课程吗？

经验告诉我们，人们在很多事情上左右摇摆，从一个极端跳到另一极端，重要原因之一是没有搞清事情的本质。许多教师在课改方面忽左忽右，也是如此。如果全面了解了正规教育的优缺点和利弊，教师会注意掌握分寸的。理论的作用就在于此，它能让我们看得全，看得远，看得透，不至犯迷瞪。

80. 处理好管理与教学的关系

秩序的需求不能取代对意义丰富的教学的需求。人们普遍认为，管理和教学是互补的，而良好的课堂管理是良好教学的前提。当然，教学不可能在一个混乱和无序的环境里展开。另一方面，过分看重管理有时会妨碍教学（Doyle，1986）。例如，教师也许希望把班分为小组来进行合作学习活动，但她对噪音的忧虑以及对学生可能不会互相合作的担心可能会使她放弃分组计划，代之以个体的作业安排。然而，关键的问题是，教师不能为了追求课堂秩序而牺牲课程。正如道尔（1985）所言：“一个管理得法却没有教授任何内容的课程和一个混乱无序无法开展学习活动的课程同样有害无益。”

（卡罗尔·西蒙·温斯坦．中学课堂管理［M］．田庆轩，译．2版．上海：华东师范大学出版社，2006：5－6.）

管理与教学的关系是，它们既相互支持，又可能相互干扰。好的管理能给教学创造良好环境，良好的教学也能促进管理。我上初中的时候，孙敬修先生到我校（北京34中）给我们讲过话，大礼堂里坐得满满的，鸦雀无声，时而爆出笑声，马上归于安静，像海浪退潮一样自然，没有纪律问题。现在有些老师动辄责备学生不守纪律，从来也不想想自己的教学是否能吸引学生，这样讲一面理是不公平的。说实话，甭说孩子，就是我这个自觉性很高的老头，若坐在他的课堂上，也恐怕会出现纪律问题，这种课简直是专门用来考验人意志力的。

许多教师都抱怨花在课堂管理上的时间太多，以致影响了教学。我建议他们自己或者学校给这些课做一下录音或者录像，事后分析一下。据我观察，很多教师用在维持纪律上的时间和精力相当浪费。很多小事情，点一点就可以了，教师往往说起来没完，直说到自己尽兴或消气为止。回过头来一看表，过去15分钟了。还有的教师在组织某项活动的时候，一开始不把要求说清楚，弄得学生不停地发问，教师还挺生气。这都属于管理干扰了教学。当然，只顾自己讲课，学生爱乱不乱，也是不行的，那成了无管理教学了。

经验告诉我们，在课堂上，一般说来，教学是第一位的，管理要为教学服务，管理只要能保证教学就够了，增一分则太长。有些教师把学生管得个个背手而坐，状如一群小兵马俑，学生要把相当的精力用在“管理”自己的姿势上，这就成了教学为管理服务，主客倒置了。愚以为，只有课堂乱到无法正常上课或者有突发事件时，管理才会暂时压倒教学，成为主要任务；大局不乱，教学就总是最要紧的。而且只要能以教学活动带动管理（像孙敬修先生那样）就尽量少用单纯管理手段。须知学生到学校主要是求学来了，不是表演纪律来了。

81. 离开教参，你能备课吗？

Yanghaijian（K12班风小论坛，发表于2011-10-14 21:33）

没有教参我不会备课

2000年我中师毕业教小学三年，2007年我开始教初中语文，那时我备课常常研究15 篇左右的教案，还有几篇教学实录，一篇课文常花费好多时间，看看别人很轻松，我常叹息自己笨，悟性差。不过别看我教龄短，我带的班经常考第一，我虽教七年级，每次考试把七、八、九年级试卷对比研究，甚至今年和前几年对比研究，总结出题题型及规律，考试时我又常做一些预测，挺准的。我知道这是雕虫小技，我知道我的学养并不高，学生其实并没多强的学习能力。今年我第一次教九年级语文，课文相对深一些，今天我备课时发现，如果只看课本不看参考资料，我竟看不懂课文，看过之后大脑一片空白，脑子里没留一点痕迹，竟不会思考、质疑、设计问题了，这时才发现我对教参是多么依赖。我以前备课，看一遍课文，就看起教参来，从来没独立思考过。如果看教参前先独立思考，自己设计教案，再和别人的教案对比，多问几个为什么，别人为啥这样设计，最后再重新思考整合设计，看一看课堂效果，多做一些课后反思，再设计教案在另一班上课（我们这里语文老师担任两班语文课）……如果这样逐步摆脱教参的束缚，逐步培养独立备课的能力，今天决不会没有教参我不会备课。可是我身边又有几个给他一篇陌生文章能备课上课的老师呢？

（摘自：K12中国中小学教育教学网）

我劝青年教师都看看，这文章发人深省。我甚至觉得，“离开教参能否独立备课”是鉴别一位教师教学能力的最主要的标准。据我观察，yanghaijian 老师说的符合绝大部分教师的教学现状——没有教参不会备课。其实还有，没有样板课不会讲课，没有教改典型就不会改革。大家都是在模仿，都是在复制，没有主体性，没有独立思考。请问在这种情况下，何谈培养学生的主体性和创新精神？yanghaijian 老师还指出了一个非常重要的现象——即使教师学养没有提高，也没有独立思考，只要他能下功夫揣摩考官心理，“总结出题题型及规律”，也能取高分，如果善于占领学生的全部时间空间，榨尽学生的精力，他甚至能取得骄人的应试成果。请问，这是教育的方向吗？揣摩试题思路、押题，根本就不是正经能耐，却成了教师（各种教辅材料）竞相追逐的本领。如果说迫于大环境压力和社会风气，教师不得不如此，那也可以理解，但我们起码要承认这是个问题，需要逐步改革。我曾经说过，语文教师搞公开课，只有拿教材上没有、教参上也没有、网上也查不到资料（或者其资料与教学无关）的课文让教师当场备课、设计教学方案，才能看出其真水平。我退休之前（我在教科所工作）曾经和同事一起设计过一个阅读检测题目。我们从《读者》上找了一篇并不艰深的文章，要求语文教师阅读，并回答一些基本的问题，结果老师们的平均分不及格，也就是说，不会阅读。甚至还有教研员找来，要求“透露点消息”的，他也读不懂。在这种情况下搞语文教学的“改革”，你想能改成什么样子？所能做的只是折腾学生，追求分数。教师的学养和教育教学理念是一切的基础，不夯实这个基础而企图在教学方法上外表变花样，变来变去也是小动作，在圈里面闹腾。

请你试试（不用告诉别人）离开教参备课，检验一下自己的真实水平。

82. 帮助学生成为学习者

他（指弗雷德，一位美国中学教师——王晓春注）告诉我们：

我相信真正的教师应该是培植者。他们帮助学生成为独立的、渴求知识、把经验和知识结合为一体的学习者，而且这些学习者还真诚关心给生命以意义的其他人，这样教师就把智慧的种子播撒在学生心中。

弗雷德承认他的这些目标在如今的一般中学不易实现，在这些地方，一种“工业革命的心态”在起主导作用：

建筑物就像工厂，座椅成排地摆放，刻板的日程安排，成果指标，质量控制……整个体制更适合效率，而不是人性。有时我想，这样设计的学校其实约束了教育。

（卡罗尔·西蒙·温斯坦．中学课堂管理［M］．田庆轩，译．2版．上海：华东师范大学出版社，2006：14．）

弗雷德给自己确定的目标是“培植”“学习者”，这种提法很值得注意。一个人走进学校，他不就当然是“学习者”了吗？“学习者”怎么还需要“培植”？

看来“学习者”有两个含义，一个指参与学习的身份，一个是指真实的学习心态。你有学生的身份不等于你真的是学习者。真正的学习者，在弗雷德看来，是那些“独立的、渴求知识、把经验和知识结合为一体的人”。这是一种智慧的境界，这种境界是需要培养的，培养学生达到这种境界才是教师的根本任务。

我对“学习者”也有自己的看法。据我看，如果一个人毕了业就不再读书，或者只有奉命读书、只有想拿某种证书的时候才读书，就不能算一个真正的学习者。这是“伪学习者”，或者是“学习上的临时工”。他们读书是为了“成才”，一旦“成才”，就不读书了，分数是他们的敲门砖。在一个学习型的社会里，人们终生都要学习，学习不再是阶段性的任务，而成了人们生活的有机组成部分，学习也不完全是为了功利，而成了人们的一种精神需要。这种人，我认为才是名副其实的学习者。

但若按这个标准，我们的教师绝大部分就做不到。我们面前的真实情况是，培养学习者的人本人就算不上学习者。弗雷德对他的目标实现并不乐观，可见在美国也并非到处都是学习者。

其实素质教育说到底就是要培养这种学习者。在人的各方面素质中，“学习素质”是关键，是发动机，是“能提高素质的素质”。所以学校的基本任务不是教学生掌握多少多少知识，而是养成学生终生学习的心态和习惯。于是你就明白素质教育推进为何如此困难重重了，因为素质教育首先不是教育学生的问题，而是一个教师自我提升的问题。教师没变成一个真正的学习者之前，自己就不具备“学习”的基本素质。你自己就没有找到真正的学习者是什么感觉，还谈何素质教育？有些人竟以为素质教育就是一些新政策、新招数，把这些东西一推广，教师们都照做不误，素质教育就实现了。用现在流行的话来说，这也未免“太夸张”了！

83. 教学，既不能任学生的性，也不能任教师的性

正如她（指多尼，一位中学教师——王晓春注）所说，“对我的很多学生来说，教育不是首要问题。生存才是首要问题。”有时，她不得不放弃一堂数学课，来讨论学生们更为直接的问题：与家长的冲突，怀孕问题，孩子的抚养（新布伦瑞克中学为儿童学生设了一个日托中心），离家出走，社区暴力，毒品问题等。带着某种程度的屈从，多尼评论说：

当学生们为家里或邻里的事情生气时，你还要继续讲数学课，就当完成任务。这样做毫无意义。最好把二次方程放到一边，和学生们谈谈。

（卡罗尔·西蒙·温斯坦．中学课堂管理［M］．田庆轩，译．2版．上海：华东师范大学出版社，2006：10．）

通常，教师站在讲台上，满脑子都是自己的教学任务，恐怕无论中国还是美国，这种现象都是很普遍的。当这种想法指向学生的时候，就会变成“应该”。既然你是上学来了，你脑子里想的就应该是学习，你想其他的事情就不对，就是错误，你做学生的，想法应该尽量向我靠拢，你应该配合我，完成我的教学任务（我是为你好）。这不很像“学生为教师服务”吗？是的，这种思路，很容易走向教师中心主义。

如果教师稍微有点科学精神和换位思考能力，他就会明白，“应该如何如何”不等于“事实如何如何”。事实上学生不可能都像教师一样，把完成本堂课的教学任务放在第一位，教师的首要问题不一定是学生的首要问题。

一个学生可能满心懊恼，他刚丢了200元钱；另一个学生父母在闹离婚，使他痛苦不堪；还有一个学生一心想和同桌女生套近乎，无奈人家不理他；还有一个学生在盘算放学后怎样逃回家中，因为有几个高年级学生要向他“借”钱，放学时会在校门口堵他……作为一个孩子，你能要求他此时此刻大义凛然地置个人利益、个人情感于不顾，一心想着本堂课的教学任务吗？当然你也可以“要求”，然而这不是要求不要求的问题，是他能不能做到的问题。我们必须实事求是。于是可知，一旦学生的表现不符合教师主观想象中的“应该”，教师就大为愤怒，其实大可不必。没什么可愤怒的，你的任务是承认现实，面对现实。

多尼老师的可贵之处就在于此。当她发现学生更为迫切关心的问题时，她不愤怒，她正视，她理解，她宁可（不情愿地）暂停教学来帮助学生。多尼的教育姿态是：我不是一个只关心自己教学任务的人，我关心你们，关心你们所关心的事情。这是真正的优秀教师。

我听说过这样一件事。某教师搞公开课，听课教师众多。课正上到精彩处，一个学生突然不知何故晕倒了。讲课教师不为所动，让人把学生送医院，继续上课。这种做法传递了一个什么信息？课比人重要。我想，如果这位教师把课停下来，和同学一起首先照顾这个晕倒的学生，那倒是更精彩的一堂生命教育课。耽误一点教学，以后是可以补上的，我们浪费的时间还少吗？

一定有人会说，学生中事情无穷，像多尼这样迁就他们，教学任务完不成怎么办？我想，多尼老师不可能总这么做，而且她的教学任务反而可能完成得更好——当你和学生有心灵的交流时，当学生发现教师真心实意地关心他们时，教师希望他们做的事情，他们会更上心地完成。这叫做人际交换。我们现在很多教师上课为什么如此困难？重要原因之一是教师不管不顾，强行推进自己的教学任务，学生则学教师的样，也不管不顾，只管干自己的事情——有其师必有其徒。

教学，既不能任教师的性，也不能任学生的性，优秀教师的本领就是灵活地在师生二者心理需要的结合点附近游动，像鱼儿一样前行。

84. 努力在课堂上创造非胁迫性的气氛

为了达到这一目标，桑迪（一位美国中学教师——王晓春注）努力在自己的班上创造出一种非胁迫性气氛。比如，在开学的第一天，她给学生每人发了一张索引卡，要求他们回答四个问题：(1) 你怎样才能学得更好？(2) 你希望化学课上哪些东西让你激动？(3) 你对什么感到紧张？以及 (4) 我可以怎样帮助你？

（卡罗尔·西蒙·温斯坦．中学课堂管理［M］．田庆轩，译．2版．上海：华东师范大学出版社，2006：12.）

“努力在自己的班上创造出一种非胁迫性气氛”，这话说得非常好。

事实上课堂上的气氛常常是“胁迫性”的。我估计不但中国如此，美国也差不多；或许因为国情不同、教育发展水平不同，整体上美国比中国情况稍好一些。为什么差不多？因为大家实行的都是义务教育。所谓义务教育，就是强制教育，非自愿的教育，就是你不上学不行，这本身就是胁迫性的。在此种胁迫性的大气候下，教师要创造“非胁迫性的课堂”，当然是件不容易的事情。正因为不容易，所以只有优秀教师能做到。

遥想当年，苏格拉底的教育是非胁迫性的，孔子的教育是非胁迫性的，因为那些学生都是自愿去上学的。后来我国的书院，也比较有非胁迫性气氛。私塾就差一点了，因为很多孩子是奉家长之命上学的，但私塾的教师对学生的压力还不算太大，因为私塾没有升学指标。近代学校教育一诞生，胁迫性就比较高，后来，当行政部门对学校进行指标管理的时候，这种胁迫性就非同小可了。教育异化了，本来学校和教师应该是帮助学生发展自我的，现在反过来了，学生成了学校完成指标的工具，主客颠倒了。于是就要搞各种评比，就要搞分数排队，用各种管卡压的手段，胁迫学生达到教师的要求。本来分数高低、学业优劣是学生自己的事情，现在不然，家长和教师比孩子还着急。皇帝不急大臣急，皇帝越不急大臣越着急，大臣越着急皇帝越不急（对不起，快变成绕口令了），于是大臣只好加紧胁迫皇帝，吓唬皇帝，控制皇帝。君臣矛盾日益激烈，谁都活得不快乐。

在胁迫性的大气候下，有办法创造非胁迫性的课堂小气候吗？桑迪的做法告诉我们，这是可能的。我国有很多优秀教师也能做到这一点。战略上胁迫，战术上却可以不胁迫或少胁迫；战略上强制，战术上却可以不强制或少强制。这并不费解。当年毛主席不就说过“战略上的持久战和战术上的速决战”吗？这里有个思维方式问题。教育是高度复杂的事业，要求教育者能辩证地思考问题，可惜我们很多老师头脑硬邦邦，想事直通通，不是黑白分明就是走极端，所以总是碰钉子。从社会的角度看教育，当然需要胁迫；从孩子的角度看教育，胁迫就越少越好。你看桑迪老师向学生提的问题，就是以学生为主体的思路，着眼于调动学生的主动性和积极性，这种办法可以有效地减少胁迫性。

努力把教育的胁迫性减少到最低限度，只保留必不可少的胁迫性，这才是优秀的教师。

85. 师生越少意识到自己在那里施教或受教越好

杜威说过：“总的看来，无论教师或学生，愈少意识到自己在那里施教或受教就愈好。”（《民主主义与教育》）教师忘记了自己是在那里教书，学生忘记了自己是在接受教育，大家都“忘乎所以”，这是比较理想的教育状态。

为什么？

因为这样最“生活”、最平等、最民主，师生的自主性都能较好实现，因为这意味着所学习的问题成了师生的真问题，因为这样的情境和氛围最容易把知识激活为思想，学到真本领。

应试教育的氛围与此恰恰相反。应试教育恨不得学生每分每秒都记得学习是为了考试，学习是为了得分。应试教育必然要求学生时刻记住，教师是管理者，你是被管理者，你是来学习的，老师是考你的，师生任务是不同的。所以在应试教育的氛围中，教师与学生都不可能达到“忘乎所以”的境界，教师不可能忘记自己是在教书，学生不可能忘记自己是在学习。应试主义的学习必然是“任务”主义的学习。师生为了应试目标学习，真正的民主很难实现，真正的主体性很难发挥。有些人在搞“民主式”教学，愚以为，如果这种教学的目标是应试，则“民主”势必沦为表面文章。民主必须有民主的内涵，应试主义容不得民主的内涵。反过来也一样。如果整个社会的民主风气没有达到一定水平，平等意识没有达到一定水平，人们的主体性没有达到一定水平，则无论教师还是学生，其“地位”意识和“身份”意识都会很浓厚，这正是应试教育的良好土壤，大家会很自然地都倾向于应试挂帅。一个缺乏民主的社会，是不允许人们忘乎所以的，守你的本分最要紧，孔夫子就是这样教导我们的。

再反过来想，你就会明白，如果教师在校园努力创造一种“忘记了自己是在那里教书，学生忘记了自己是在接受教育”的氛围，即使这种局面只是偶尔出现（不可能每日如此、每堂课如此），也就不仅改革了教育，而且是对整个社会进步的促进。这种促进或许微不足道，然而，再小的教育改革，也是对社会的一种改造，因为未来是孩子们的。你没有高喊“民主课堂，民主社会”的口号，却实实在在推进了民主，而许多把民主挂在嘴边的教师，事实上干的可能正是相反的事情。

青年教师会问：用什么办法可以达到此种“忘乎所以”的境界？比较好的办法是情境教学。设计某种情境，找到一个师生都不知道现成答案（但教师可能比学生更了解寻找答案的途径，可以起指导作用）的问题来共同研究，这种情境最有希望达到“教学两忘”的境界。我理解，这就是人们常说的“探究式”学习。同是探究者，师生就比较容易平等，如果有一方“标准答案”在手，你再说平等我也不信。

86. 不要指望你的教学会引起所有学生相同的心理活动

教师站在讲台上侃侃而谈，总是希望台下的每一个学生都听到了他的话，听懂了他的话，记住了他的话，明白了他的话。这种良好愿望是可以理解的，但这仅仅是良好的愿望而已，这不是事实，甚至不可能成为事实，除非学生都是机器人。如此说来也许令人扫兴，但没办法，教育就是这样。哪个教师也不能保证自己的教育在每一个学生身上都达到同样的效果，所谓优秀教师，不过是效果相对好一些而已。

老师其实也知道这个道理，因为无数事实迫使他们不得不承认这么回事，但是很多人依然不愿放弃自己的幻想，而且更重要的是，一旦学生达不到他的要求，他会习惯性地把责任推给学生——他不努力，他不好好学，他厌学，他没有认识到学习的重要性，等等。总之按这种教师的逻辑，学生学习效果参差不齐，根本原因是他们的努力程度不一样，倘若他们都同样玩命地学，就都能达到教师预定的目标。这仍然是一个美丽的梦。事实上学生不大可能人人都玩命学习，即使真的人人拼命，不吃饭不睡觉地学，结果也肯定还是参差不齐，因为影响学习结果的因素太多了，绝不只是努力不努力这一条。这一条对有些学生来说，甚至不是主要的。

物之不齐，物之情也。教育者只有老老实实、心悦诚服地接受这个原理，才能保持一种平常心。我的意思并不是完全“听其自然”，反正我教了，会不会我就不管了，我绝不是这个意思。我的意思正相反，正因为学生情况不同，我才有必要保持高度的警觉和调查研究的习惯，努力搞清每个学生与众不同之处，我知道我不可能完全做到这一点，但是有了这种清醒，我会做得更好一些。

87. 搞清哪些变化可以通过学习产生，哪些则不能

在最低层面上，学习心理这门学问，能使我们分辨出人类的哪些变化是可以期望通过学习过程产生的，而哪些是不可以的。例如，很明显，年轻人在学习过程中能养成卫生习惯并获得健康知识，然而，他们无法直接在学习过程中增加身高。就学习问题而言，幼童能学会使他们的身体反应趋向更符合社会期望的方向，却无法通过学习完全抑制身体反应。那种试图教儿童安静地呆在学校里的陈旧观念，其实是在强行实施不可能达到的教育目标。

（Tyler R W．课程与教学的基本原理 [M]．罗康，张阅，译．北京：中国轻工业出版社，2008：33．）

这就是我常说的，不要和大自然作对，不要自以为人定胜天。教育者千万不要以为孩子什么都能学会，不要以为教育万能。一定要搞清哪些变化可以通过学习产生，哪些则不能。获得这种清醒、这种见识，不但需要经验，而且需要“学习心理学”这门知识。无知者无畏。缺乏心理学知识的教师，会不分青红皂白，不管学生具体情况，幻想只要自己“严格要求”，就什么都能“要求”出来，结果当然是碰一大堆钉子，搞得满心沮丧或者满腔愤怒。

所以我希望青年教师找个时间静下心来，把自己对学生的希望一条条具体写出来，然后冷静地审视它们，看哪些是合理的，哪些只是主观幻想，属于“不可能达到的教育目的”。这样，你以后的

工作才可能做到点子上，你才可以少做很多无用功，少生很多闲气。当然，还得学点心理学，有些问题自己是分析不出来的。

88. 搞清哪些教育目标可以实现，哪些则不能

在较高层面上，学习心理学这门学问，使我们能分辨出哪些目标是可行的，而哪些目标可能需要花很长时间才能实现，或者在预期的年龄段根本就无法实现。例如，在幼儿园和小学期间，通过教育经验能够使儿童的人格结构发生大量的改变，可是旨在使16岁少年的人格结构发生深刻改变的教育目标，在很大程度上将无法实现。16岁时，人格已经有了很大的发展，因此，对基本人格结构进行再教育就变成非常困难的任务，而且通过正规的学校计划已不可能完成。

（Tyler R W. 课程与教学的基本原理 [M]. 罗康，张阅，译. 北京：中国轻工业出版社，2008：33.）

这些话听起来很不振奋人心。对不起，科学的态度就是如此，它只管说实话，不管这些话好听不好听。

如果说文学是兴奋剂，那么科学就是镇静剂。这个浮躁的时代，到处都在煽情，镇静剂就更需要了。鉴于我国文人产量太高，而且他们往往掌握着话语权，所以我所做的工作，在很大程度上就是建议读者服用镇静剂。

有很多天真烂漫的高中教师问我“如何培养学生良好的学习习惯”。我哭笑不得，告诉他们，高中生早已形成了自己一套学习习惯，高中老师能对他们不良的学习习惯做某些微调就已经不错了。这里

我再一次奉劝高中老师们，您已经很难改变学生什么了，看准了突破口使学生有一点变化就该知足了，千万不要忽悠自己。

其实初中生也有相当一部分是不容易转变的。当然，比起高中生来，初中生可塑性要稍强一些，但因人而异，而且每个人可塑的部分不同。有的孩子或许学习成绩能提高，但人格不会有什么大变化；有的孩子或许能形成某种好的新习惯，但其他旧习惯是不会改的；有的孩子或许人际关系能打开新局面，但个性整体并无变化。也就是说，多数人局部有可能调整，整体人格框架是很难改变的。所以教师必须清醒而明智。只要懂点心理学，你就会发现很多教师每天简直是在瞎忙活。当然这样肯定老碰钉子，于是为了给自己鼓劲，他们就弄很多文学性的“励志”语言来忽悠自己。本来就不冷静，还要吃兴奋剂，难怪很多老师都变得神经兮兮的。

89. 多数学习经验都能产生多重结果

对课程编制者而言，最重要的心理学研究成果之一，是发现大多数学习经验都能产生多重结果。例如，一个正在做算术题的少年，也可能会习得与算术题的内容相关的知识……小学生不仅获得了关于这些题目所涉及内容的知识，还形成了对算术的某种喜欢或不喜欢的态度。

（Tyler R W．课程与教学的基本原理 [M]．罗康，张阅，译．北京：中国轻工业出版社，2008：35．）

这就是说，教师千万不要认为，这堂课我教了什么，学生就只学到了什么。事实上学生在课堂上学到的东西常常远远多于教师所教的东西，而教师本来希望学生学到的东西，学生却不一定学到了。学生学到的教师计划之外的东西，有人称之为“潜课程”。

多年前我曾经辅导过一个六年级小女孩作文。她第一次见我，就本能地往后退。我心里想，我有那么可怕吗？后来她妈妈告诉我，她二年级时有个男老师爱打学生，把她吓得从此见到所有男老师都害怕。这就是那位老师的“教学成果”。我相信很多教师对“严格管理”的迷信，都是小时候从他们老师那里学来的，虽然老师教案中不会有这样的教学目标。我还相信现在很多学生厌学也是一种“教学成果”。你想，如果学生经常被罚抄100遍，很晚不能睡觉，想玩玩不成，他能不讨厌学习吗？这种情况下，老师上课想出的“激趣”小花招，还没出台，恐怕就被其负面教育给抵消了。所以，每当我看见一些老师充满激情或语重心长地发表“励志演说”的时候，我心里就会想，其实你不必如此，平时你少做点打击学生自尊心和学习积极性的事情就行了。左手推学生远离学习，右手又往回拉，累不累呀？

教师必须全面思考对学生各方面的影响。要前思后想，要深思熟虑，要善于反思，这才算一个真正的教育者。

90. 学生学到什么取决于他做了什么，而不是教师做了什么

“学习经验”这个术语既不同于一门课程所要传授的内容，也不是教师所开展的各种活动。“学习经验”这个术语是指学习者与使他起反应的环境中的外部条件之间的相互作用。学习是通过学生的主动行为而发生的；他学到什么取决于他做了什么，而不是教师做了什么。有可能两个学生在同一个班里，却有两种不同的经验。

（Tyler R W．课程与教学的基本原理 [M]．罗康，张阅，译．北京：中国轻工业出版社，2008：55．）

学习结果取决于学生自己的学习经验，而不只是教师的教学活动。这个道理非常重要，但很难说现在有多少教师真的明白这一点。

这就是说，教师不要想入非非，不要自以为凡是我教过的东西，我认为你应该掌握的知识，你就必须掌握，不然我就生气，我就责备你学习态度不好。世界上没有这么顺溜的事情，因为学习的主动权并不掌握在教师手里。把教师看成一个水桶，把学生看成一个水杯，把教学看成拿水桶里的水往水杯里倒，倒满了就大功告成。这是极其可笑、极其粗鄙的教学观，把师生都非人化了，而且主客颠倒了。事实上教师并不是学习的“主宰”者，你做不到“心想事成”，这一点头脑必须清醒，否则徒然增加自己的烦恼和学生的焦虑。

既然学习结果取决于学生的真实经验，那么教师的基本工作就不是教材内容的灌输，而是想尽一切办法创造尽可能适合学生情况又符合教学目标的课堂情境，让学生动起来，不但手要动起来，而且头脑要动起来。这是相当艰难的工作，比照本宣科当教材的传声筒要难多了，比随便搞一个热闹活动自己当主持人难多了。教师的创造性就在这里，教学的艺术就在这里。教学的艺术其实就是帮助学生获得正面学习经验的艺术。评价教师教学水平高低，这也应该是一个主要标准。

91. 一定要关注“学习能力”

当年（上世纪70年代，那时我正是青年教师）我带学生到生产队参加三夏劳动，曾亲眼目睹母牛生牛犊的情景。牛犊一生出来，牛妈妈就开始舔它，等到把它舔干净了，它就晃晃悠悠自己站了起来。令人惊异的是，它马上就迈开腿走路了，前后不过十几分钟。

此事给我留下了深刻的印象。我当时就想，人类婴儿可绝没有这种本领。婴儿学走路，不但晚得多，而且绝对需要大人的帮助。在这方面，人类真的愧不如牛。

然而，牛毕竟是牛。小牛会以极快的速度变得和父母本领持平，然后就停在那里了，一辈子没有什么变化。它没有后劲，它缺乏可持续发展的能力，因为它不会学习。人类正相反。人类和动物相比，完全做不到“赢在起点”，人类倒是“输在起点”的，可是人类后劲大。爱因斯坦在婴儿时期也是个普通的娃娃，但是后来的发展令人不可思议。为什么？因为他能不断改变自己、更新自己，他后劲无穷。

我们观察一个民族、一个国家、一个社会、一个团体以及个人，都可以从这个角度进行。看他是否善于学习，就能知道他有没有后劲，有多大前途。光看眼前已经取得的成绩是不行的。小牛生下来在走路方面取得的成绩显然比人类强得多，你能因此断定人类不如牛吗？可见“赢在起点”的说法几乎是专门与可持续发展的理念唱反调的，也可见学校单凭眼前的考试分数评价学生是多么不智。老师们难道没有看见许多小学的三好生、尖子生、样板生，到了中学各方面却都落后吗？他们有点像那头小牛，只是在起点领先而已。所以做教师的，应该有一双慧眼，能看出哪些学生真有学习能力和自我超越的能力，他们才是未来的人才。同时教师还应该小心，不要把学生的注意力都吸引到眼前的一得之功上去，而要帮助学生养成惠及一生的学习习惯和能力，而这些东西，未必眼前就能带来高分。急于事功的人应该远离教育，以免污染这项事业。

杜威说，我们学习一种动作，不是按现成动作去做，必须学会变化动作的因素，根据不同情况做出种种因素的联合。杜威说的这种学习，才是真学习。可是反观我们的教学，我们不是每天在教学生“按现成动作去做”吗？教师本人不也是在日复一日地复制自我吗？那就是说，这种学习徒有其表，只是一种学习的姿态，并无多少学习的内涵。在这样的氛围中生活久了，就会像小牛一样早早“成熟”，然后一辈子也就这样了。

做教师的，怎么能知道某个学生学习能力强呢？我自己的经验，学习能力强的孩子，在智力活动方面往往有以下一些特点：

第一，他们有明显的好奇心和求知欲，能够提出课本里和教学中没有谈到的问题。

第二，他们能迅速掌握新知识。

第三，他们能很快地把新知识与旧知识整合到一起，形成自己的知识体系。

第四，他们不害怕“不确定性”，不热爱“标准答案”，遇到谁也不知道答案的问题，他们反而会兴奋起来。

第五，他们有一种本领，能够把表面上毫无关系的事情联系起来，而且能说出一些道理，证明它们有某种内在的逻辑关系。这种联想能力非常重要。但是注意，这种联想注重的是事物的内在联系（比如前面说的母牛生牛犊与教育的关系）而不是表面的联系。把一些八竿子打不着的事情表面上联系起来，也是一种聪明，而且往往造成诙谐的效果，很多所谓“脑筋急转弯”都是这种东西，但这并非智慧，只是小聪明，无助于学习能力的提高。

第六，他们掌握的词汇量大。词汇量大才能进行严密的思考，否则即使有些思考，也是模糊的、朦胧的、粗线条的。

青年教师不但可以用这样一些标准来衡量学生的学习能力，朝这个方向培养学生，而且可以以此测量自己的学习能力，朝这个方向提高自己。

92. 避免过度学习

物质文化将要积累到多么快的地步呢？这些问题引起了许多有趣的想象。处在这样快的变迁中，我们人生的将来到底怎样呢？现在的父母，转瞬间已被子女超出很远了。我们尚未赶上适应一种新的变迁而更新的又来了。每一个文化变迁不但需要个人去与它调适，而其他各部文化也需要去与它调适的，所以在这种情形下，各部文化间，常产生不一致的状态。更进一步，人类须要拿出一生中大部分的时间用在学习上，用来消化现存文化的。那么社会遗产累积得越大，自然消化时的困难及所用的时间，便也随着加大了。将来也许人类要用四五十年的光阴来学习生活之道吧？也许将来的专门和分工充分的发展，使我们都变成了极狭窄的专家吧？在这样大的社会遗产内，一个人是不是将要除了自己专门的知识外一无所知呢？会不会专门的范围越来越狭而学习所需的时间越来越长呢？

（乌格朋．社会变迁[M]．费孝通，王同惠，译．北京：群言出版社，2002：64．）

学知识当然是好事情，但是再好的事情，过了火，都可能走向反面变成坏事。现在许多研究生毕业时都已经到“而立之年”了，也就是已经过了差不多半辈子了，那么博士、博士后呢？或许未来的学生拿到最后一张毕业证书的时候，就该退休了。这倒好，出了校门直接就可以回家“安度晚年”了。生活还没开始，就到尾声了。

人不是储藏室。储藏室里你存放一些东西，只要不是易腐烂品，可以保存上百年以至千年。人不行，人一般活不过百年，百年之后，人脑子里储存的东西就全都消失了，白存了。所以，人脑中存的东西，必须有用，而且必须及早派上用场，如此才有意义。于是就有一个严重的问题摆在教育者面前，你不能一年一年不断给学生加码，你不能只做“加法”。教材也好,教法也好,都应该做“减法”,逐渐精简，找到一个社会需要的最小公约数，以免“过度学习”，以免往学生头脑中装很多他用不着的东西，浪费他的生命。

当然，这种思路也不可以极端化。有些知识学生学了未必将来直接能用上（比如外语），但是对于提高他的思维能力和整体素质还是有用的。然而这里有个火候问题，愚以为目前的外语教学占学生的时间就过多了，浪费了许多孩子的宝贵精力。

还有一个问题是考试。考试有选拔功能，为了把所谓“高才生”选出来，就必须加大教材的广度和深度，以便拉开学生之间的距离，这只能用“加法”。可见，应试主义是“过度学习”的一个根源。既然学习是为了考试，那么我教学时就不会考虑知识是否有用，凡是考的我就讲，是否浪费学生生命我就顾不上了；反之，即使对学生非常有用的东西，只要不考试，我也不重视它。教育教学要做“减法”，最大的障碍就在于此。厌学是什么？一般人都认为厌学是学生觉悟不高的表现，其实不完全如此，厌学还可能是学生对“过度学习”的一种本能的抵制和反抗。让成人学习他不渴望的东西都很困难，何况孩子？

当然，真正提高素质提高能力的学习是无所谓“过度”的，学无止境，这里所谓的“过度学习”主要指知识积累。“过度学习”的问题很难解决，但是懂得这个道理的家长和教师多一些，起码它可以得到一定程度的缓解。

93. 注意真问与假问的区别

很多师生之间的对话和我们在“现实”世界所听到的对话不同。让我们来看这样一个例子。在现实生活中，如果你问别人时间，我们会假定你真的需要知道时间，并且会对回答表示感激。这个对话可能是这样的：

“现在几点了？”

“2:30。”

“谢谢。”

相反，如果在课堂上老师问学生时间的话，对话很可能是这样的：

“现在几点了？”

“2:30。”

“很好。”

在这里，这个问题不是因为需要获得信息而问的，而是了解学生是否掌握知识的方法。这种交流更像一种智力测验，而不是一种真正的对话：老师提出问题，学生做出回答，老师再来评价这个答案。这种交流模式（提问—回答—评价模式）就叫做问答。一些研究也证明了学生在课堂的这一活动中花费了大量的时间。

（卡罗尔·西蒙·温斯坦．中学课堂管理［M］．田庆轩，译．2版．上海：华东师范大学出版社，2006：202.）

课堂上教师的提问往往是“明知故问”，其实是一种假问题，是脱离实际生活的。打个比喻，如果说生活中的真问题像长在土地上的真实的花朵，那么课堂上教师的问题就只是“塑料花”。当然，这种提问在教育教学中是必不可少的、绝对需要的。但是作为教育者，我们应该清醒地认识到这种提问可能带来的负面作用，以免陷入盲目，造成对师生双方的损害。这种损害随处可见，有时还很严重。

先说这种提问方式对学生可能造成的损害。最大的问题是损害学生提出问题的能力和探究精神。显然，在这种交流模式中，学生的生存姿态是被动防守的，他在那里等着提问和考试（考试是书面提问）的进攻，做出回应，然后小心翼翼地等着教师的评价。他的任务仅限于回答，顶多有质疑，而学生的所谓质疑往往不是独立提出的问题，而只是希望更好地回答老师的提问，这种“问”是“答”的附庸，整体态势还是防守。

于是你就明白为什么很多研究生自己拿不出研究课题来了，他们总是问导师：“我研究什么题目好？”结果他们的所谓“研究”，实质上还是答题，回答导师给他们提出的问题。这就很难创新了，因为真正的创新从来都是提出一个别人没有想到的问题，走进一个别人没有涉及的领域。很多研究生没有这种思维习惯，也没有这种胆量和能力，他们从小二十几年受到的训练都不是教他们提出真问题，而是让他们学会看别人的脸色，答别人的问题，而且主要是别人已经知道答案的问题。这种提问方式在课堂上重复千万次以后，孩子们的思想和灵魂就被矮化了，他们脑子里塞满了美丽的塑料花，误以为这就是知识，误以为这就是真实的生活。人们在假问题的海洋中长大，要学会提出真问题，确实很难。

于是你就明白课改为什么要提倡“探究式”教学了。“探究式”教学绝不是每个问题都让学生从头探究（只有疯子或有意曲解的人才会这么说），而只是希望在课堂几乎清一色的假问题上打开一个缺口，送进点新鲜空气，也让孩子主动一回，让他们提出点自己确实想知道的、并无标准答案的真问题，体验一把真实创新的感觉，来避免孩子们的思路向被动答题方面的灾难性倾斜。说得再直率一点，就是尽量让学生的思维方式不要病得太重，如此而已。

我们再来说“假问”对教师可能造成的损害。

我是一名教师，我讲课的教案是从网上抄来的，考试的标准答案是人家给我准备好的，实际上这里面没有什么我独立贡献的信息，但是当我向学生提问的时候，我阅卷打分的时候，我居高临下，我胸有成竹，我的姿态不是真想知道什么，而是考考学生“我讲的你会了吗？”这完全不是学习的姿态。而学生以为这些学问都是我的，对我心存敬畏。学生的态度反作用于我，我就很可能迷迷糊糊真的觉得自己是有学问的人了，自我感觉良好。如果不幸我的学生考试排名靠前，或者我被评为学科带头人甚至特级教师什么的，那就麻烦了，那我对自己的评价就可能离实际情况更远了，我会渐渐失去自知之明。

我说的这种情况并不少见。你会发现教师常常固执己见，很难说服，你会发现他们客气的词句里面常常包裹着傲慢，你会发现很多教师十分缺乏真正的学习愿望，真爱读书的人很少。他们不善于提出真问题，因为他们把精力都用来提假问题了；他们不爱读书，因为他们把精力都用来逼迫别人读书了。

所以，教师其实很容易固步自封，因为他们的生存方式（经常提假问题）本身就包含着固步自封的巨大危险。

还有课堂上的师生交流，严格地说，多半属于假交流。在这种交流中浸润日久，人的实际社会交往能力会下降。所以你会发现，中小学教师到了社会上就往往暴露出某种交往障碍。这也绝不是偶然的。

我相信任何一种职业都会对人的全面发展有负面作用，即所谓“职业病”。但是，如果人们能保持清醒的头脑，正视这个问题，积极预防和治疗，就完全可以将负面作用降到最低限度。

94. 学生的“创新”是什么意思？

做教师的，千万不要把独创性、创新看得过于神秘。创新从思想上的“基因变异”开始，而“基因变异”经常在我们周围发生，甚至在人们的本能中就已存在。而学生的所谓独创，并不是要求他们拿出成人都没有做出的成果，而只是要求他们自己与自己比，有新的想法。责备学生缺乏创新的教师首先应该反思一下自己是否无意中压抑了学生创新的萌芽。

我们举个例子。

一位教师执教《麻雀》一课（语文）。教师问：“麻雀妈妈是怎么样跟猎狗进行搏斗的？”一位学生冷不丁地说：“老师，这只大麻雀不一定是妈妈，也许是爸爸。”教师猝不及防，愣了一下，问：“你是根据什么认为它是麻雀爸爸的？”“因为书上没有说是麻雀爸爸还是麻雀妈妈，我是猜的。”别的学生受到启发，思维开始活跃起来，有的说是妈妈，有的说是爸爸，争论个不停。一个胖乎乎的小男孩不满地嚷道：“说不定还是麻雀爷爷呢！”教师一脸茫然，不知如何作答。

这位教师无以应对。有的老师则干脆认为第一个学生是“搅局”。我倒觉得第一个质疑的学生应该表扬。这不是个课堂纪律问题，而是一个学术问题，不属于搅局。可以建议学生查找有关资料，看看小麻雀的抚育，其父母是否有分工。教师表扬了第一个学生并提出了建议，后面胖乎乎男孩的发言就可以避免了。

其实这就是一种“基因变异”，一种独创性。细想起来，课文确实不严密。我曾见过一个智力测验题。问，有个男孩明明是某大人的亲生儿子，男孩却不承认大人是他的妈妈，这是怎么回事。答案：那个大人是他爸爸。别看这个问题简单，它却唬住了很多人。看见一只大麻雀带一只小麻雀，人们会习惯性地觉得它们是娘俩。这属于固化思维，正好是创新的敌人。其实不一定是娘俩，需要问问专家，不能想当然。课堂上这个学生的质疑，对培养学生科学的思维方式很有利，教师却可能认为离题了，失去了一个鼓励学生独创意识的机会。

学校里这类令人遗憾的事情多极了。最后的结果就是，考试分数上去了，学生的独创性下来了。

95. 重复是记忆的朋友，却是思维的敌人

“思维”这一术语被人们以各种不同的方式使用，但是一般来说，它所隐含的行为是把两个或两个以上的观念联系起来，而不是单纯地记忆和重复这些观念。

（Tyler R W．课程与教学的基本原理 [M]．罗康，张阅，译．北京：中国轻工业出版社，2008：60．）

重复本质上是机器和动物的特点。我们在哪里看到不断的机械重复，就一定会在哪里发现思想的贫乏。思维不是复制，而是联系，是把一些概念联系起来。我们可以把重复性的记忆看成简单再生产，只有量的变化而没有质的变化，而把思维看成扩大再生产，产生了新的东西。

用这种观点观察我们的教育，你会发现我们的教育“思维含量”很低。我们的教学训练，几乎总是用重复来强化学生的记忆和技巧，考试也基本上是考这种东西，记性好的学生占便宜。我们还迷信“熟

能生巧”，用这样的思路教育学生，结果他们脑子里就会装满“知识”，但缺乏思考能力，久而久之甚至会失去思考的习惯。

重复很可能成为思维的敌人。只有大幅度减少对重复性记忆的关注，把注意力转移到思维能力的培养上来，教育才算走上了正轨。毛泽东早就说过，要把精力集中到分析问题和解决问题的能力上来。

现在真懂得这一点的教育行政官员和老师，比例实在不大。

96. 无法立即回答的问题“含金量”才高

当学生遇到他们无法立即回答的问题时，他们更有可能被引导进行各种类型的思维……这些问题，还不应是在教科书或其他一些参考资料中能立即找到答案的问题。这些问题，应该是那种学生为获得任何解决方法，必须将各种不同的事实和观念联系起来的问题。而且，这些问题必须经常会在生活环境中产生。这样就更可能使学生把它当成值得努力去解决的现实问题。

（Tyler R W．课程与教学的基本原理 [M]．罗康，张阅，译．北京：中国轻工业出版社，2008：60．）

在我们的课堂上，最常见到以下几种问题：

（1）回忆性问题。就是学生已经记住的问题，回答这种问题，学生只要从自己大脑内存中把有关信息提取出来就行了。

（2）查找性问题。这种问题答案就在课本上，学生只要把它找出来，复述一下就行。

（3）然否性问题。这种问题，只要学生回答“对”或者“不对”就行了。

（4）表态性问题。这种问题，学生只要表示“同意”或者“不同意”

就行了。

（3）（4）两类问题，只相当于“民意测验”。

显然，以上4种问题都不怎么需要动脑筋，都属于可以“立即回答”的问题，“含金量”都很低。当然，这几种问题，有时也是教学过程中需要的，不可完全抹杀。但是一定要注意，它们不应该成为教师提问的主体和骨干，原则上这几种问题是越少越好，否则课堂提问就不能有效培养学生的思维能力。教学中要的是那种无法立即回答的问题，要的是那种需要周密思考才能回答的问题。也就是说，问题应该迫使学生思考，而决不是引导他们只在外部或头脑仓库中翻找。

这样看来，那些学生对答如流的公开课就很成问题了。这种表演只能骗一骗外行（外行看热闹），内行人一看就知道这是在害学生——钝化学生的思维能力（内行看门道）。教学过程过于流畅顺滑决不是好消息，这说明学生并未思考。思考是在阻力中前进的，它必然曲曲折折，急徐相间。欣赏课堂教学表面的流畅，往往说明评价者本人思维能力的欠缺——他没体验过真正思考的感觉，是门外汉（不要以“保持课堂进度”为借口掩盖这个事实）。

97. 对于小学生，什么最重要？

至于小学校的活动，必须记住，基本的意图不是为了消遣，不是以最少的烦恼传达知识，也不是要获得技能，虽然这些都能作为副产品得到，而在于扩大和丰富经验的范围，保持智力发展的兴趣活跃有效。

（约翰·杜威．民主主义与教育[M]．王承绪，译．北京：人民教育出版社，1990：251．）

杜威这些话告诉我们，对于小学生来说，最重要的事情是丰富他们的经验，保持他们的学习兴趣和活跃的思维状态。按这样的理念衡量我们的小学教育，情况令人担忧。这最重要的事情，往往是我们的教师和家长最不重视的，甚至根本就在他们的视野之外。

打个比方。我们的小学教育是拼命让孩子干“砍柴”的活计（应试），而把砍到柴火的数量（考试分数）当做评价教育教学水平的主要标准。结果“柴火”砍了不少，“刀”却越来越钝，也就是说，人的素质并没有多大提高。杜威的思路是，只把砍柴当做“磨刀”的方式之一，另外还要设计很多磨刀的办法，教师和家长的注意力重点始终在磨“刀”（学生素质）上，而不是“柴火”上。换句话说，教师和家长主要看学生是否能“活学”，而不是看他死记了多少知识，主要看学生自身内部发生了哪些质的变化，而不是看他外部“干了多少活”。这就是素质教育。应试教育是“干活”教育，它其实不是以人为本，而是以“活”（教师布置的学习任务）为本。

前些年我指导家庭教育时曾经接待过一位母亲，她带着上小学二年级的女儿来找我。这位母亲一见面就对我说：“我这孩子不可救药了。”小姑娘站在旁边，像霜打了一样，脸色灰灰的，着实可怜。我问：“有什么问题吗？”这位母亲说：“别提了，我都不好意思说出口。”我问：“什么类型的问题？”她说：“成绩太差。”我问：“有多差呀？”她半天才说：“数学只考了92分。”我吃一惊：“92分怎么算太差？”她说：“您不知道，他们老师规定95分才算及格，我这孩子全班倒数第二。太丢人了！”我听了这话，真是“感叹亦欷歔”。这孩子的老师显然是病了（失去理智了），家长也病了，孩子当然跟着病了——三个病人。这位老师大概以为把全班学生都弄成100分才是好成绩。可是请问，那些100分“含金量”有多少她知道吗？为了得到这些表面的成绩，孩子（和家长）受到了多大伤害，她知道吗？

"柴火"砍了不少，一捆又一捆，可是"刀"已经受到了损伤，学生的真实能力很可能反而下降了，兴趣也减少了。教育者怎么可以如此目光短浅呢？

所以我常常这样劝小学生家长：不要逼着孩子追高分，七八十分就可以了。当然，如果孩子能轻轻松松得100分，我也没意见，我并不是讨厌高分，我讨厌的是用牺牲孩子素质的办法换取高分。家长和教师的主要精力，应该放在扩展孩子知识背景、活跃孩子思维、培养孩子学习兴趣上，这样孩子才有后劲。否则眼前成绩不错，年级越高越不爱学，终于有一天死活不学了，你有什么办法？这种事还少吗？我也希望有关领导不要再用分数排队逼着教师追分了。评价一位教师的水平，绝不可以只看他收了多少"柴火"，那是很外行的评价思路。对教育外行的家长，有不少确实只会看表面的分数，这是可以理解的，教育者作为专业人员就不能这样了，你应该尽量说服这种家长，而不是给他们当尾巴。

中学，情况稍有不同，学生应该用更多时间学会一些知识，但是教师一定要清醒，有比学习成绩更重要的东西。

98. 对孩子的期望值恰到好处，这是很难学会的一种本领

去年，我（弗雷德，美国中学教师——王晓春注）的学生做一个很长的研究论文。我让他们上交每一部分，以便清楚他们的发展情况——工作提纲、文献目录、注释、草稿以及终稿。我使用百分制。任务的前四部分每部分占10分，最后的终稿占60分。

今年，我觉得那样做很幼稚，就决定不再那么做了。我对学生

说："我要像对成年人一样对待你们。"他们说："太棒了，我们能行。"哎，他们没有完成论文。他们告诉我："我们一团糟，我们放弃了，我们拖延了。"他们要求我像去年那样做！我相信他们成熟了。而他们说："我们没有。"

（卡罗尔·西蒙·温斯坦．中学课堂管理［M］．第二版．田庆轩，译．上海：华东师范大学出版社，2006：129．）

这是一个很精彩的案例。

弗雷德老师的教学技巧是，把一个复杂的任务分割成几个简单的部分，完成一部分评价一部分，这样带着学生一个台阶一个台阶走完任务全程。这种办法中国教师也常用。

后来弗雷德老师的策略改变了。弗雷德的初衷是很好的，教育理念也很先进，相信学生，尊重学生。学生也很领情："太棒了，我们能行。"结果呢？失败了。失败后学生改口了，不再说"我能行"了，却说"我们没有长大"。

这真是给"赏识教育"主义者当头一棒！你赏识他，你信任他，他反而把事情办砸了。

我们当然不能因此得出结论：对孩子不能赏识，对孩子无法信任，学生不行，还是得听老师的。那就走向另一个极端了。问题的关键在于，你对孩子的赏识也好，信任也好，都既不能高，也不能低；既不能多，也不能少，必须恰到好处，这是最难最难的。你一定要注意一个很简单的道理——赏识本身并不能提高学生的能力。我赏识一只狗，并不能使它成为一只优秀的缉毒犬，成为缉毒犬是需要训练的，那是很艰苦细致的工作。弗雷德老师信任学生并不错，他的失败在于太急了，如果中间再有点梯度，情况可能就另一样了。

孩子就是孩子，孩子又不简单地是孩子，他们正在向成年人转化，而又尚未成为成年人，因此，我们对他们的期望值非常难掌握，增一分则太长，减一分则太短，昨天你对他的期望值还算合理，今天可能就荒谬了，没有比孩子变化更迅速的动物了。为什么很多家长被孩子气得发疯？为什么很多教师被学生搞得沮丧万分？重要原因之一是他们对孩子的期望值总是不能符合孩子变动着的实际情况。孙子曰：知己知彼，百战不殆。那么反过来，不知己不知彼，打败仗就是必然的了。

所以，对具体问题不做具体分析，笼统地、孤立地、片面地宣传任何教育理念都是危险的，都可能把人引向歧途——赏识呀，爱呀，严格要求呀，民主呀，平等呀，法治呀，竞争意识呀，抗挫折能力呀，都是一样。

我在教育界工作快半个世纪了。这么多年，我时时感觉周围有一种极其强大的力量，一种无形的却无孔不入的力量，要把教育尽可能简化。好像大家总希望有一个招数，有什么“偏方”，谁拿来都包治百病。于是就会有各种“名人”此起彼伏地向我们兜售各类灵丹妙药，这拨人把某种药方玩臭了，又会涌现另一拨，换一个新药方来耍（其实你若细分析，还是旧药，只不过换了新包装），你方唱罢我登场，反正总有热闹看。我知道，这种戏还会演下去，但是我真的希望，而且诚心诚意地奉劝各位青年教师，不要轻易相信这些劳什子。真正可靠的不是别人推销给你的招数，而是你自己具体问题具体分析的能力。教育是极其复杂的一件事，谁告诉你此事很简单，谁肯定是在害你。

99. 过程评价应重于结果评价

几年前，一群来自某所充满活力的特许学校的教师到第56号教室进行一日访问。他们很棒，精力充沛，聪明开朗，而且非常关心学生。不过我注意到他们的教学暗藏着一个很关键的错误——为了让孩子们有好的感受，从不让学生答出错误答案或出什么差错。

那个星期我们班刚好在做火箭。学生四人一组，利用分发的维京型火箭、操作指南以及材料进行组装。各组必须精确测量、规划、组装作业成品，才算完成任务。其中一组虽然做得很认真，却弄错了飞弹部分的配置。来访问的老师当中有几个人频频朝那一组走去，为孩子们示范正确的组装方法。有好几次我都必须以有礼但坚定的口吻要求访客让孩子们自己摸索。

访客（很小声地说）：雷夫，你都不知道啊，他们做错了。

雷夫：我知道啊。

访客：机翼都歪了。

雷夫：是啊，是歪了。

访客：发射架粘得太靠近火箭头了。

雷夫：确实如此。

访客：可是你就眼睁睁地坐在这里？

雷夫：是啊。

访客：他们的火箭会飞不起来呀！

雷夫：一开始会飞不起来……

访客：可是……

雷夫：他们接下来就得找出火箭飞不起来的原因。他们得回到教室自己好好想想。我们的科学家们一天到晚在做的事情不就是这个？

切记，“失败”是由身为教师的我们自行认定的。在第56号教室，飞不起来的火箭不是失败，只有当学生停止解决问题的尝试时才算失败。问题可能5分钟就解决了，也可能要花上两个月，我班上的学生就曾在建造一座大型云霄飞车时，遭遇回路向心力不足、无法让车子在轨道上安全行驶的问题。然而，不断经历失败试验的那两个月，却是全年自然课中最令学生惊喜、兴奋的时光。最后，当云霄飞车大功告成之时，孩子们可以说那是他们自己做出来的，他们了解那座云霄飞车的物理原理。我也在那两个月展现了最佳教学，因为我决定闭上嘴巴，让孩子们自己摸索。

（雷夫·艾斯奎斯．第56号教室的奇迹：让孩子变成爱学习的天使 [M]．卞娜娜，译．北京：中国城市出版社，2009：105－106．）

两堂课，其中一堂课上，学生发言、做实验都很正确规范，没有失误，堪称完美；另一堂课则不然，学生时有失误，时有失败，课上得疙疙瘩瘩，磕磕绊绊。哪堂是好课？毫无疑问，按我们现在流行的评价标准，前面一堂是成功的好课，后面一堂是失败的坏课。其实不一定。因为前面那堂课很可能是排练过若干次之后的表演，学生在其中没有多少实际收获，而且浪费了大量时间，后一堂课，学生却可能从失败中学到了真本领。教师过分热心地帮助学生避免了一切失败，实际上阻碍了学生的发展，这和家长溺爱孩子后果是一样的。

这就可见，目前我们中小学搞的急功近利的班级评比和教学评价，其实际作用多半是弊大于利。这种评价几乎是只看结果不看过程，而在实际的教育教学中，过程往往比结果更重要。急功近利的评比等于逼迫教师通过越俎代庖、弄虚作假的过程达到漂亮的结果，这不是教育，而是反教育，是对教育本质的背离，教育不是这么回事。

曾有一位校长不无得意地对我说："同一学科，您到我们学校去看，无论哪个班，都是一样的进度、一样的讲法。"我觉得很可悲。这种人，应该去工厂管理机器，不应该搞教育。教师遇到这样的校长算是倒霉了。如果学生出现失误，你不立刻冲上去纠正，你若像雷夫老师这样看着不管，他会说你不负责任的，他甚至马上会对你进行一番"师德教育"。他心目中最重要的事情其实不是学生的发展，而是让下级赶快给他出"政绩"。有的校长甚至对老师说："我就是只看结果，不看过程，我也不管你用的什么手段。"身为校长，对教育如此外行，真是匪夷所思。所以我想，校长培训，是比教师培训更重要、更紧迫的工作。校长如果连过程评价和结果评价的利弊都不明白，整个学校就会弥漫着一种急功近利的气氛，与真正的教育渐行渐远，最终受害的则是孩子和国家。

100. 应该把考试分数看成敏感话题

不知大家是否注意到了，只有那些得到高分的学生会在教室跟别人大声嚷嚷："嗨，托姆尔，这次考试你得了多少分？"而考试不及格的学生却极少会这样做。

我告诉学生，他们可以把自己的分数告诉别人，但不可以当面询问别人的分数……

（雷内·罗森布拉姆－洛登．你必须去学校，因为你是教师——250条使你的工作变得轻松愉悦的课堂管理策略［M］．郑丹丹，译．北京：中国轻工业出版社，2008：130.）

我赞成洛登老师的意见。我主张把考试分数看做敏感话题，不要在班里随便谈论它，因为它和每个学生的自尊紧密相连。考试分数，教师知道，本人知道，家长知道，就可以了，其他人没必要知道，除非学生自愿告诉别人。如果一个人从小学起考试成绩就排在后面，而且这一点总是在班上被公开谈论，那么他长大以后要做到自尊自信是很困难的，考试成绩很可能成为他心灵的巨大阴影，伴随一生。这样的教育，对得起学生吗？对得起社会吗？

可见，很多学校任意公布学生考试分数而且排队的做法是非常荒谬的，一点人文关怀也没有。我不是说考试分数不可以排队，为了分析情况，你当然可以排队，甚至需要排队，但是不该张榜公布。公布分数的做法常常是想用让低分生丢脸的办法“刺激”他们努力（美其名曰“培养竞争意识”），愚以为这种招数是不道德的。

尾　声

各位读者，感谢您耐心读完这本书。专业讨论比较枯燥，让我们放松一下吧。

我是个业余诗人，习惯以诗言志，以诗抒情，以诗自娱自乐。自十几岁开始写起，有几百首之收获。下面几首诗，分别是我35岁、38岁、42岁、51岁时写的，都与教育有关，一个老教师的教育情怀和心路历程，于此可见一斑。

返　校

夏日骑车回学校，
清晨顺风林荫道。
麦浪摇金送喜讯，
野草闲花迎人笑。
昨夜轻雷播细雨，
今朝好风摧嫩苗。
给我一支白粉笔，
树起栋梁百丈高。

（1978年5月5日）

新　年

新年这一天，
地球照样转。
熟悉的宇宙里
沉没着熟悉的人间。
熟悉的人们
在熟悉的舞台上表演。
比如我吧，
道具是粉笔和教鞭，
布景还是那块黑板。

我们的生活不阔气，
可也不庸俗；
我们的日子很平凡，
但总算不平淡。
社会是一条长链，
我也是其中的一环。
因此，我在惭愧之中
又有些心安。

我没有赫赫战果，
没有金杯银盏，
谨把这三百多天的粉笔末，钢笔水，
献给新年。

（1981年12月30）

树无法变成草

树有时候
也想变成草。
何必不停地长大长高?
何苦招来风摧雨打雷击电扫?
可是他不善弯腰,
也不会缩小,
想停止生长,
做不到。
抬起头来,
却又看见
高山沉重的思考,
蓝天无边的眼睛,
太阳火热的笑。
而大地
仍然用无穷的养料,
紧抱着他的脚。
唉!
根无法不吸收,
茎无法不输送,
叶无法不创造,
而思想
就无法不迸出
新的枝条……

(1985年12月20日)

走向自我

不抽烟，不喝酒，
不打麻将不跳舞。
不是发烧友，
不是追星族。
不红不火不款不腕一凡夫。
钱包不空就行，
莫求其太鼓。
饭菜养人即可，
何必料理名厨？
衣着合体而已，
不穿包装服，
免走舞台步。
购物常挨宰，
挤车常落后，
进商店就起急，
人一多就想走。
怕听官话怕开会，
怕侃大山怕应酬。
门前冷落无车马，
家中自有千年客：
庄孟李杜韩柳。
爱读书，爱写作，
爱听民歌爱旅游，
还爱小朋友。
与人无怨世无争，

对自己也不苛求。
敬鬼神而远之，
乐天命以忘忧。
若问此人何所有？
有清风明月，
四海九州。
若问今生何所求？
种几棵长青树，
为后人留。

（1994年1月16日）

附录：教师怎样教育子女

一、教师的生活方式对孩子的影响

一般来说，教师的生活方式稳定、规律且比较清静。这种生活方式对孩子的学习无疑是有利的，所以教师的孩子“问题生”占的比例很小。但是，这种稳定、规律、清静的生活对孩子也可能有害处。平时的生活太规律会使有些孩子缺乏应变能力，一旦生活不规律就很难适应。很多教师的孩子害怕挑战性的活动和生活，害怕出门旅游，生存能力较差。当然，现在的孩子生存能力普遍差，但是教师的孩子这方面能力相对更弱。我当年教书的时候发现，班上成绩不好的学生随便找一个地方就能过一夜，生存能力很强，但是教师的孩子不行。所以教师要避免把孩子的生活安排得太规律、太清静，要适当给他们安排一些有挑战性的活动，以使将来他们可以从容应对现实生活中的各种挑战，不至吃大亏。如果孩子姥姥或奶奶家在农村，假期不妨把孩子送去，让他看看真实的社会，增强适应能力。太习惯于过一种稳定的生活对孩子是不利的，因为社会是变动的，你不能幻想生活永远平静。

二、教师的道德修养对孩子的影响

就整个社会来说，中小学教师的道德水平是相对较高的，所以教师家庭的孩子容易养成好品德，长大了一般不太会出现品德问题，但这些孩子可能出现心理问题，而这时家长往往误以为是品德问题。这是教师职业病的一种表现，总惦记着捍卫道德，遇事先分是非、好坏、善恶。有的事情并不一定是善恶的问题。有的孩子打架，对别人有攻击性，其实不一定是品德问题。我甚至见过有的孩子偷东西都不是品德问题，而是心理问题。所以我劝各位老师，以后你们的孩子出现问题，千万不要轻易地认定他是品德有问题，也永远不要说你的孩子“坏”。当老师的不要动辄上纲上线：“你今天打同学，明天就会进监狱！”有的老师就这么跟孩子说话，一点逻辑性都没有。孩子小时候淘点小气，弄点恶作剧，办点小坏事，绝不可以轻易认为是品德问题。我是当老师的，我就不太担心自己的孩子坏，结果孩子长这么大了也没变坏，说明我不担心是对的，我主要担心他没本事、窝囊、被人欺负。从小到大，教师家长给孩子灌输的思想都是永远做好人。这句话也不完全对，不能老做好人，必要的时候也要“坏”一些，要不然没法生存。我常常跟家长这么说，你的孩子不要做坏事，但要懂坏事；不要做坏人，但得懂坏人，要防着坏人；不要加入黑社会，但是要了解点黑社会。现在有些老师，尤其是女老师，视野比较窄，想把孩子关在一个无菌的玻璃瓶里，给孩子灌输一大堆非常美妙的情景，跟童话似的：人跟人多么友爱、多么团结、互相协作。经过灌输，孩子脑子里的世界是玫瑰色的，等他走向社会发现不是那么回事，孩子就会觉得自己受了家长老师的骗，结果是，或者退缩，走向抑郁，或者出现反社会倾向，或者“渴望堕落”。所以，千万不要用童话般的世界来装满孩子的头脑，要让孩子知道这个世界有阳光，也有阴暗，见到坏事不要害怕，要学会应对。

三、教师的工作环境和人际关系对孩子的影响

教师有一个非常突出的特点，就是人际交往的圈子小，人脉一般在教育界。这样当然可以避免孩子接触一些负面东西，但孩子接触到的人太单一，只知道知识分子家庭的生活，却不知道其他人的生活状态。我建议，教师可以考虑把孩子送到其他家庭去“留学”。我有一个朋友，夫妻素质都很高，假期我就曾把自己的孩子送到他们家住了一段时间。孩子回来之后，眉飞色舞地跟我讲朋友家里是什么样子。事情虽小，却可以让孩子知道社会是多彩的，否则他以为全世界的家庭都跟自己家一个样，那就呆了。如果有条件，最好把孩子放到朴实的农民家里去，让他做点农活，这对孩子的成长特别有利。朋友间的聚会，有时候也不妨带孩子去看一看（但次数不要多），让他见识一下人喝醉了是什么状态，听听酒桌上的胡言乱语，回家之后孩子如果问你，那些人说的话是什么意思？家长一定要适当地给他解释一下，让孩子知道哪些是骂人的话。当然，最重要的还是要让孩子多去接触一些高层次的人，这对孩子的好影响可能是终生的。

四、孩子可否在教师任教的学校就读？

很多老师都问我：“我的孩子在我教书的学校上学好不好？”这要看具体情况，但总的来说，最好别把孩子送进自己所在学校。为什么呢？如果要把孩子搁在你那学校，对你来说也是种折磨，因为孩子就好比你的招牌，你每天上班第一件事就是看自己的招牌是不是出问题了。如果你的孩子比较外向、比较张扬，同事不管不合适，管深了又怕你不高兴，遇到事情可能会有意无意地照顾你的孩子，结果你的孩子在学校顺风顺水。等他升学进入其他学校，没有了老

师的照顾，会很不适应，甚至还有从此一蹶不振的。那些内向、老实的孩子则有更大的麻烦，为了不给父母丢脸，他就得处处严格要求自己，战战兢兢地活着，谁都不敢得罪，活得特别累，容易造成心理问题。那么，什么情况下可以把孩子放在自己所在学校呢？孩子生存能力较差，确实需要保护的时候，可以暂时保护他一段时间，逐渐让他自立，然后再把他转到别的学校去。

五、教师的专业对孩子的影响

教师是教育的内行，可以少犯很多外行常犯的低级错误，可以自己辅导孩子的功课，但同时也容易自以为是，包办和设计孩子的人生，压抑孩子，破坏其主体性和创造性。我认识一个老师的孩子，上课不认真听讲，我问他为什么，得到的回答是："回家后我妈还给我讲一遍呢！"比起课堂上的一对多，家里的一对一条件好多了。我想说的是，教师对孩子的学习千万不要干预太多，这样特别不利于孩子创造性的培养，还容易造成亲子矛盾。

还有一个问题，教师普遍喜欢好学生，回到家里会不自觉地拿自己孩子跟班上的好学生比，如果有差距就很失望，这会给孩子造成不必要的压力。凭什么你的孩子非得超过那些好学生呢？每个孩子的家庭情况、智商都是不同的，有些教师对自己的孩子期望值过高了。还有的家长跟孩子说："我没上过重点大学，你必须上重点大学。"这话我觉得从逻辑上就说不通。我跟我孩子说的话刚好相反，我说你爸爸当年没上过重点大学，自我感觉还不错，你将来上不上重点大学问题不大，想上很好，不想上我也绝对不反对。结果他反而上了重点大学，当然，我也不反对。这是他自己的事情，家长不过是帮忙的。

如果经过一番心理调查，发现自己的孩子是颗"地雷"，那家长的任务就是别让他爆炸。为什么现在有些孩子打爹骂娘，有的出走、自杀？就是因为家长不知道孩子是“地雷”，还往上踩，结果不是把家长炸了，就是把孩子炸了。所以，我劝大家不要像包办婚姻一样包办孩子的人生，辛辛苦苦、好心好意，最终落埋怨。家长的任务就是提高孩子的素质，只要孩子品德上没问题，智力上、思维方式上有发展，知识面宽，身体健康，剩下的就不是家长的事了。其实，孩子并不是家长塑造的，教育的任务不是塑造，也塑造不了，家长能做的就是帮助孩子发扬优点、克服缺点，然后帮助他认识自我，最终实现自我。

六、教师的孩子是否“赢在起点”了？

教师大多希望自己的孩子完美，所以很少放任自流，不会疏于管理，这也是好事，然而对孩子的期望值过高，过度施压，就会导致亲子对立。现在有人提倡“赢在起点”，但世界上根本就没有赢在起点这回事。田径运动员哪个赢在起点？不都是最后看谁先撞线吗？这道理太简单了。据我现在知道的情况，世界上伟大的人物，绝大部分都是输在起点，赢在终点。为什么？因为他们在起点少做了很多无用功，把精力节约出来了。赢在起点的说法害人就在于让孩子在太小的时候浪费了大量的精力去做无用功，没有扩展他的知识面，没有培养他的能力。

再说说分数，有的孩子死记硬背得了100分，有的孩子稀里糊涂得80分，这个80分的“含金量”可能就比那个100分高。我们好多老师不懂这个，只知道100分比80分强，但我要说的是，得100分的不一定就比得80分的能力强。教师好面子，一旦孩子在学校表现不好，回家就跟孩子发脾气。有些教师教育起孩子来，话难听极了，丝毫不顾及孩子的面子。外向的、脾气犟的孩子就会跟家长对着干："你不说我没出息吗，我就没出息一个给你看！"这非常危险。内向的、老实的孩子呢，就天天责备自己："我笨蛋，我对不起我妈，对不起我爸，我白活了……"后果更可怕。

七、教师的应试思维对孩子的影响

中小学教师大多是应试主义者，比较注重学习成绩，有时会因对孩子分数的升降过分敏感而忽视对他们能力的培养。教师大多也是保守主义者，这样的家庭培养出来的孩子也容易思维保守，不敢突破条条框框。所以，教师要培养自己孩子的创造性，就不要设置太多的条框，要适当放手。另一方面，由于工作负担重、心理压力大，教师在给孩子做出敬业的榜样的同时，也可能做了如牛负重、心力交瘁的榜样。有些优秀班主任做报告时总说自己如何敬业，精力都放在了学生身上，却顾不上管自己的孩子。这种做法我不赞成。你可以先人后己，可以多投入点精力在学生身上，自己的孩子少一点，但不能过分，因为你的孩子也是孩子，也是祖国的花朵。

一般说来，教师的孩子好学生居多，从好学生身上发现问题比较难，因为好学生擅长演戏，然而一旦出问题，往往就是大问题。他怕老师失望，怕家长失望，就不停地演呀演。演戏的特点是压抑自我，当有一天演不下去了，就可能会崩溃。

八、教师的管理主义对孩子的影响

教师大多数是管理主义者，在家教方面有章可循，这是优点，但隐患是容易在家做权威、当老师。当下的中小学教育，与其说是教育，不如说是管理；而教育本质上并不是管理。教育是互相影响和沟通，是像孔子那样，与学生一块生活；是像苏格拉底那样，与学生边散步边聊天。有的教师出于职业习惯，将教育学生那一套不自觉地带到家中，动辄就把孩子也教育一番，这绝对是错误。师生关系千万不要迁移到家庭中，在家你就是父母，请少给你的孩子讲大道理。还有的家长一到吃饭的时候就教育孩子，最终饭吃不好，教育效果还不理想。吃饭的时候千万别教育孩子。我在吃饭的时候就问我儿子："今天学校有什么新闻？"他会很兴奋地讲给我听。他说者无意，我却听者有心，他哪件事做得对，哪件做得不对，我心中自有评估。过些天我再找个理由，把那天的问题拿出来说，让他不知道是何时暴露的。如果你的孩子什么都不跟你说，你已经失败一半了。教师在家不要做权威，要做孩子的朋友；但也不是绝对不做权威，在重大事情上，该权威还得权威，不过这种事情要尽量减少。

需要特别提醒的是，女教师千万不要跟丈夫争夺家庭教育的领导权，因为男性跟女性思维方式不同，男性的显著特点是抓大放小。缺失男性教育对孩子的成长特别不利，尤其是男孩子，在以母亲为主导的教育模式里容易产生一些心理问题。

万千教育

基础教育类书目

书号	书名	著、译者	定价(元)
	班主任工作理念与方法系列		
4576	做一个得力的班主任	徐晓莉　著	52.00
2877	班主任工作的60个“鬼点子”	刘坚新　郑学志　编著	52.00
2879	班主任与家长沟通的艺术 ——创建优质家校关系的60个策略	郑学志　著	52.00
2204	做一个会“偷懒”的班主任（第二版）	郑学志　著	48.00
7316	把班级还给学生 ——班集体建设与管理的创新艺术	郑立平　著	26.00
7344	遭遇问题学生 ——问题学生的教育与转化技巧	万　玮　编著	25.00
7317	魅力班会是怎样炼成的	杨　兵　著	25.00
8631	家校沟通，没有痛过你不会懂 ——知名班主任梅洪建的心路历程	梅洪建　著	32.00
0539	如何上好班级心理辅导活动课 ——钟志农答疑50问	钟志农　著	42.00
9902	德育主任新方略	丁如许　著	32.00
8611	班主任工作中的心理效应	刘儒德　主编	35.00
1135	班主任有效沟通的艺术与技巧	李进成　著	36.00
8770	班主任如何带好差班	赵　坡　著	30.00

8309	扶年轻班主任上马	王　莉　著	38.00
7926	教师必须掌握的教育惩戒艺术	郑立平　等　著	28.00
班主任工作理念与方法系列合计			553.00
教育理念与实践系列			
4098	STEAM教学指南 ——用现实世界的问题吸引学生	邵卓越　等　译 刘　徽　审校	46.00
3371	教师情商修炼之道	杨敏毅　等　著	52.00
2754	教师怎样说话才有效（第2版）	李进成　著	58.00
2597	教师怎样说理才有效	李进成　著	52.00
1566	教导主任工作问题案例集	黄银美　主编	42.00
1139	如何当好教研组长 ——中小学教研组长专业素养与行动	杨向谊　著	36.00
1564	教育：一场惊人的旅行	史金霞　著	62.00
8557	王晓春给青年教师的100条建议	王晓春　著	28.00
0734	怎样评价学生才有效 ——促进学习的多元化评价策略	陶志琼　译	48.00
教育理念与实践系列合计			424.00
教育教学心理系列			
2106	写给教育者的积极心理学（第二版）	任　俊　著	48.00
1057	应用学习科学 ——心理学大师给教师的建议	盛群力　等　译	38.00
1791	理解0—12岁儿童的学习 ——应用儿童发展科学的教学策略	赵　琴　译	36.00
0056	抓住学生注意力的176个课堂小活动	张乃東　译	28.00

9922	小学生学习习惯培养方案	黄　波　著	35.00
9358	中学生心理学	林崇德　著	60.00
教育教学心理系列合计			245.00
教学理论与策略系列			
1790	优质提问教学法 ——让每个学生都参与学习（第二版）	盛群力　等　译	48.00
1594	设计与编写教学目标（第八版）	盛群力　等　译	42.00
0226	多元智能教与学的策略（第三版）	霍力岩　等　译	60.00
0150	教师怎样提问才有效——课堂提问的艺术	宋　玲　译	45.00
0040	让教师学会提问 ——以基本问题打开学生的理解之门	俎媛媛　译	28.00
教学理论与策略系列合计			223.00
课堂管理系列			
9193	让教师都爱上教学 ——307个好用的课堂管理策略	罗兴娟　译	34.00
7312	让学生都爱听你讲 ——课堂有效管理6步法	屈宇清　等　译	20.00
7697	课堂管理，会者不难	王晓春　著	26.00
课堂管理系列合计			80.00
小学学科教学指导系列			
2064	让学生爱上作业（第二版）	刘春生　著	68.00
9981	让数学变得好玩 ——小学一二年级数学课堂游戏88例	陈燕云　主编	45.00
8872	钱守旺的小学数学教学主张	钱守旺　著	35.00

7982	小学英语课堂游戏集中营	贺　杰　著	28.00
7869	小学作文教学设计方案53例	黄　波　著	30.00
小学学科教学指导系列合计			206.00
中小学学科教学指导系列			
3372	智力发展与数学学习（第二版）	林崇德　著	58.00
3313	听王荣生教授评课（2021年版）	王荣生　著	52.00
3227	阅读教学设计的要诀（第二版）	王荣生　著	58.00
3228	余映潮中学语文教学主张与教学创意	余映潮　著	58.00
0671	余映潮中学语文精品阅读课教学实录	余映潮　著	42.00
中小学学科教学指导系列合计			268.00
师生心理健康教育系列			
6604	小学生心理健康教育（全体教师用书）	傅　宏　等　编著	24.00
6605	小学生心理健康教育（心理教师用书）	张　明　编著	26.00
6603	学生心理健康教育	姚本先　等　编著	28.00
6607	中学生心理健康教育（心理教师用书）	蒋　奖　编著	26.00
5834	心理健康教育课程设计	吴增强　蒋薇美　著	32.00
7013	给教师一件“新武器”——教育诊疗	王晓春　著	26.00

……

欲了解更多图书信息，请登录：www.wqedu.com
联系地址：北京市西城区三里河路6号院2号楼213室　万千教育
咨询电话：010-65181109

*本目录定价如有错误或变动，以实际出书为准。